本书为2014年度贵州省社科规划一般课题（14GZYB18）研究成果

贵州财经大学经济学研究文库

中国社会保障支出对社会稳定影响的实证研究

董拥军 / 著

中国社会科学出版社

图书在版编目（CIP）数据

中国社会保障支出对社会稳定影响的实证研究/董拥军著.—北京：中国社会科学出版社，2017.11
ISBN 978-7-5203-1564-7

Ⅰ.①中… Ⅱ.①董… Ⅲ.①社会保障—财政支出—影响—社会稳定—研究—中国 Ⅳ.①D63

中国版本图书馆 CIP 数据核字(2017)第 288472 号

出 版 人	赵剑英
责任编辑	卢小生
责任校对	周晓东
责任印制	王 超
出 版	中国社会科学出版社
社 址	北京鼓楼西大街甲158号
邮 编	100720
网 址	http://www.csspw.cn
发 行 部	010-84083685
门 市 部	010-84029450
经 销	新华书店及其他书店
印 刷	北京明恒达印务有限公司
装 订	廊坊市广阳区广增装订厂
版 次	2017年11月第1版
印 次	2017年11月第1次印刷
开 本	710×1000 1/16
印 张	8.5
插 页	2
字 数	127千字
定 价	40.00元

凡购买中国社会科学出版社图书，如有质量问题请与本社营销中心联系调换
电话：010-84083683
版权所有　侵权必究

摘　　要

依据中国的实际情况，本书首先构建符合中国实际的社会稳定指标体系，并使用主成分分析法、因子分析法进行量化分析。然后，分析研究社会保障支出及其各分项的城乡差别，构建代表社会保障城乡差异的指标。在此基础上，确定社会保障支出及其城乡差别影响社会稳定的理论模型和估计方程，分别使用时间序列、省级面板数据，分析社会保障支出各个分项及其城乡差距对社会稳定影响的程度。最后，依据量化分析结果，为我国进一步施行城乡统筹的社会保障制度提供政策建议。

本书的主要观点：鉴于我国社会保障支出的城乡差别较大，只是单纯地增加社会保障支出总量而忽视社会保障的地区差异、城乡差异、社会保障的支出结构问题，那么社会保障支出对社会稳定就会产生一些负面影响。在经济新常态下，我们在注重社会保障支出总量增加的基础上，还要进一步注重社会保障的地区均衡发展、支出结构，特别是推进社会保障城乡统筹、城乡一体化的制度安排，从社会保障支出方面缩小地区、城乡差距，使支出结构合理化，进一步增强社会稳定。

根据社会保障支出的分项支出，以及社会保障的城乡差距对社会稳定的量化分析结果，得出如下结论：

其一，社会保障支出从总量增加来促进社会稳定，其作用已经越来越弱甚至出现负面效果，单纯地增加总量并不能解决社会稳定问题，下一步应该解决社会保障支出的结构问题，尤其是城乡结构、地区结构。

其二，由于经济发展的地区不均衡导致社会保障的地区不均衡也是造成社会不稳定的因素之一，这要求我们必须注重地区发展的均衡性。

其三，目前的社会保障城乡差距是造成社会稳定性降低的主要因素，这要求我们首先要解决地区发展的不平衡性；其次加快社会保障的城乡一体化建设，社会保障应该全覆盖，全民统一保障标准，实现社会底线公平。

关键词： 社会保障支出　社会保障城乡差异　社会稳定

目 录

第一章 概述 ·· 1
第一节 选题的价值和意义 ··· 1
第二节 本书的研究思路和内容 ·· 2
第三节 本书的基本观点 ·· 3
第四节 本书的创新和不足 ··· 4

第二章 社会保障支出影响社会稳定的理论研究 ····················· 6
第一节 文献综述 ··· 6
第二节 社会保障制度影响社会稳定的理论研究 ······················ 8

第三章 我国可量化社会稳定性统计研究 ······························ 14
第一节 我国可量化社会稳定性评价指标体系研究 ·················· 14
第二节 我国社会稳定各影响因素变动趋势研究 ···················· 19
第三节 我国社会稳定综合评价研究 ··································· 26

第四章 我国社会保障支出及其城乡差异研究 ······················· 39
第一节 社会保障支出变动趋势研究 ··································· 39
第二节 社会保障支出城乡差异变动趋势研究 ······················· 45

第五章 我国社会保障支出对社会稳定影响的实证分析 ·········· 55
第一节 社会保障支出影响社会稳定的时间序列计量模型 ······ 55

第二节　社会保障支出影响社会稳定的面板数据计量模型 …… 95

第六章　新常态下社会保障制度促进社会稳定的对策建议 …… 102

　　第一节　社会保障支出重点在于调整结构 …………………… 103

　　第二节　建立城乡一体化社会保障制度的基础在于

　　　　　　快速实现城镇化 ……………………………………… 104

　　第三节　强化社会保障的扶贫功能，着力缓解贫困问题 …… 105

　　第四节　完善社会保障的再分配功能，着力改善分配

　　　　　　不公问题 ……………………………………………… 106

附　　录 ……………………………………………………………… 107

参考文献 ……………………………………………………………… 127

第一章 概述

第一节 选题的价值和意义

当前,我国的改革开放正处于攻坚时期,下一步改革措施的力度将比较大,在这种大背景下,维护社会稳定所面临的压力就比较大。因此,要保持社会的持续稳定,促进社会和谐,必须全面把握影响社会稳定的经济因素,并准确认识其发展变化的态势。只有这样,才能维护社会的持续稳定,稳步推进中国特色社会主义现代化建设事业全面协调可持续发展。

本书采用主成分分析法、时间序列法以及面板数据模型,研究我国社会保障支出及其城乡差异和社会保障分项支出对于社会稳定的影响,以量化分析为手段,揭示我国社会保障对社会稳定的影响的数量关系,特别是在城乡统筹的社会保障制度安排背景下,分析社会保障城乡差异对社会稳定的影响,为我国进一步完善、发展社会保障,特别是加快城乡统筹、进一步缩小社会保障的地区差距、城乡差距提供实证依据。同时,研究我国社会保障对社会稳定的影响关系,为转轨期制定合理的城乡统筹的、城乡一体化的社会保障政策提供决策依据,因而具有较大的应用价值和现实意义。

第二节 本书的研究思路和内容

本书依据中国的实际情况，首先构建符合中国实际的社会稳定指标体系，并使用主成分分析法、因子分析法进行量化分析。

然后，分析研究社会保障支出及其分项的城乡差别。构建代表社会保障城乡差异的指标，并进行量化分析。在此基础上，确定社会保障支出及其城乡差别影响社会稳定的理论模型和估计方程，分别使用时间序列、省级面板数据，研究社会保障支出各个分项及其城乡差距对社会稳定影响的程度。

最后，依据量化分析结果，为我国进一步施行城乡统筹的社会保障制度提供政策建议。

一 我国社会稳定指标体系的构建及量化

从综合的定量角度对社会稳定情况进行分析，利用综合加权评分法、因子分析法进行实际测算。依据现有统计数据的实际来源和可得性，将社会稳定指标分解为刑事案件总数、治安案件总数、民事诉讼案件总数，以及安全事故发生率等多指标体系，利用因子分析法加权得分，量化分析我国的社会稳定程度。

二 我国社会保障分项及其城乡差异测定研究

我国社会保障支出主要由基本养老保险、医疗保险、失业保险、工伤与生育保险以及财政社会保障支出组成，它们的总和构成了社会保障支出总和。每个分项因为社会保障制度设计的原因，比如基本养老保险、医疗保险城乡统筹层次、时间都不相同，其对社会稳定的影响也有差异，因此，有必要分别研究社会保障各个分项对社会稳定的影响。

另外，就是社会保障的城乡差距的测定，考虑到城乡收入的差距比较大，因此，用各年份居民城乡转移支付除以相应的人均可支配收入或者纯收入，然后再以此相对量的差异表示城乡社会保障的差异水平。

三 我国社会保障制度对社会稳定影响的实证分析

实证过程主要分时间序列和面板数据两部分。在时间序列部分，一方面主要分析了社会保障支出、城乡收入差距和社会保障的城乡差距三个指标对社会稳定指数的影响；另一方面研究了社会保障的各个分项，如基本养老保险、医疗保险和失业保险对社会稳定的影响。面板数据部分，使用面板数据分别分析全国以及东部、中部、西部地区社会保障支出、城乡收入差距和社会保障的城乡差距对社会稳定的影响。

第三节 本书的基本观点

鉴于我国社会保障支出的城乡差别较大，只是单纯地增加社会保障支出总量而忽视社会保障的地区差异、城乡差异、社会保障的支出结构问题，那么社会保障支出对社会稳定就会产生一些负面影响。在经济新常态下，我们在注重社会保障支出总量增加的基础上，还要进一步注重社会保障的地区均衡发展、支出结构，特别是推进社会保障城乡统筹、城乡一体化的制度安排，从社会保障支出方面缩小地区、城乡差距，使支出结构合理化，进一步增强社会稳定。

根据社会保障支出的分项支出，以及社会保障的城乡差距对社会稳定的量化分析结果，得出如下结论：

其一，社会保障支出从增加总量来促进社会稳定，其作用已经越来越弱甚至出现负面效果，因此，单纯地依靠增加总量并不能解决社会稳定问题，下一步应该解决社会保障支出的结构问题，尤其是城乡结构和地区结构。

其二,由于经济发展的地区不均衡导致社会保障的地区不均衡,也是造成社会不稳定的因素之一,这要求我们必须注重地区发展的均衡性。

其三,目前的社会保障城乡差距是造成社会稳定性降低的主要因素,这要求我们首先要解决地区发展的不平衡性;其次加快社会保障的城乡一体化建设,社会保障应该全覆盖,全民统一保障标准,实现社会底线公平。

本书研究框架概括如图1-1所示。

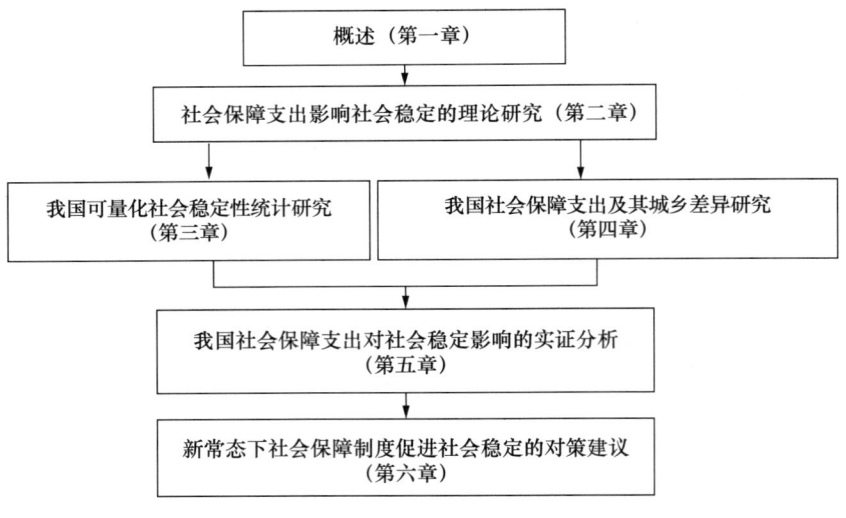

图1-1 本书研究框架

第四节 本书的创新和不足

本书研究的创新主要有以下三个方面:

（1）有中国特色的可量化研究的社会稳定指标体系构建及其主成分量化分析，对我国社会稳定性做出综合评价；应用因子分析将我国社会稳定分解为社会公共安全因子和社会紧张因子，这样，可以更加清楚地认识我国社会稳定的主要组成部分的影响。

（2）从社会保障支出的城乡差异及其分项数据，研究社会保障支出对社会稳定影响的数量关系，可以清楚地分析出我国社会保障的不同组成部分对社会稳定的影响，特别是社会保障的城乡差距对社会稳定的影响。

（3）基于社会保障支出及其分项数据以及社会保障的城乡差别对社会稳定的影响，探讨建立城乡一体化社会保障体系的路径选择。

另外，由于受我国社会稳定方面的统计指标数据来源的局限，本书构建的社会稳定指标体系相对简单，还不足以全面、准确地反映我国的社会稳定性状况，本书的研究只是一种近似的研究，有待于进一步优化。同样的原因，面板数据分析中部分数据时间纬度太短，只有三年，这对我们的分析结果会有比较大的影响，主要原因是社会稳定的统计指标的可得性，我国社会稳定数据库建设比较滞后，一些统计数据只是近几年才开始统计，这对我们的研究造成了事实上的限制。

第二章 社会保障支出影响社会稳定的理论研究

第一节 文献综述

要如何正确处理当前的社会稳定问题，了解哪些因素导致了社会稳定性的降低，一方面，需要从以往的实践中总结经验，吸取教训；另一方面，又要从当前的社会科学理论中吸收营养，以增进我们对于社会稳定一般规律的认识与理解，这对维护当前社会稳定来说是非常必要的。

社会保障制度，作为"社会安全阀"，完善的社会保障有利于促进社会稳定，不完善的社会保障制度则会影响社会稳定。因此，必须尽快建立一套完整、有效，又具有可行性的社会保障制度，以促进社会的稳定与发展。

影响社会稳定的因素很多，包括社会、政治、经济等各个方面，从经济影响角度来说，主要包括贫富差距、收入差距、失业、通货膨胀等。本书的研究视角是社会保障制度对社会稳定的影响。对社会稳定的研究，国内的研究大多是从收入分配不平等的角度来研究的。(1) 城乡差距。李长安、赖德胜（2014）收集了1980—2006年的数据，建立了一个衡量城乡差距影响社会稳定的评价指标体系，采取主成分分析方法，估算了城乡差距对社会稳定影响的程度。其研究结果表明，城乡差距对社会稳定的影响总体而言是较为明显的，认为城乡差距不断扩大是导致社会经济发展不稳定的重要因素。（2）收入分配不平等。胡联合、胡鞍钢（2007）应用理论与实证相结合的分析方法，从贫富差距如何影响社会秩序、影响社会心理、影响社会结构、影响社会制度的公正和权威四个方面进行了深入分析和研究，认为强调高度重视和妥善处理贫富差距问题是推进社会主义现代化，特别是构建和谐社会重大而紧迫的理论和现实课题。

在以上研究收入分配不平等对社会稳定的影响中，也有研究社会保障对社会稳定的影响，其中，黄应绘、田双全（2011）以抚恤、社会福利及其他社会救济费等支出占财政支出比重代表社会保障因素，但是，其研究表明社会保障支出对社会稳定产生了负面作用，可能的原因是：这种负面影响与我国社会保障支出的不合理分布相关。主要是地区差异。东部、中部、西部地区由于经济发展水平的差异，导致社会保障支出的地区差异，再加上地区内部城乡二元分割造成的城乡差异。由于历史原因，我国社会保障支出绝大部分都用于城市保障支出，农村只占很少一部分。城乡社会保障的差距会对城乡收入差距产生逆向调节作用，而社会保障并没有缩小城乡差距，反而扩大了这一差距，城乡收入差距的扩大又会对社会稳定产生更大的负面效应，故社会保障水平的提高还没有起到维护社会稳定的作用，这种现象不能不引起我们的高度重视，必须加大对农村社会保障的投入、缩小城乡社会保障差距，为社会的公平发展提供必要的社会资源支撑。本书研究全部社会保障支出对社会稳定的影响。

关于社会保障的城乡差异，定性研究比较多，定量研究比较少。张文、唐萧萧和徐小琴（2013），陈正光和骆正清（2010）分别从城乡社会保障总支出差距、城乡财政性社会保障支出差距以及城乡养老保障、医疗保障、社会救助等方面比较全面地分项研究了社会保障的城乡差距，本书借鉴此研究视角，考虑到城乡收入的差距比较大，将分项分别与城乡平均收入相比较后的变量作为表示城乡社会保障的差异变量。

本书将深层次研究我国社会保障制度对社会稳定影响的数量关系，认为进一步加强社会保障制度的城乡统筹将会对社会稳定产生的积极意义。

第二节 社会保障制度影响社会稳定的理论研究

一 社会保障制度对社会稳定的正向效应

社会保障制度建立的初衷就是作为"社会安全阀"，对社会稳定产生重要的制度保障作用，社会保障制度与社会稳定之间也存在显著的正向效应。

（一）社会保障制度通过对各种危害提供补偿，有助于实现社会稳定

在当代社会，社会个体（个人、家庭、企事业单位等）不可避免地会面临各种各样的不可预期，会造成一定损害的风险。这些风险，总体来说，分为两类：一类是自然界带来的各种灾害，主要有水灾、旱灾、火灾、雪灾、虫灾等。另一类是人的生理缺陷和先天素质机能缺陷等给人们带来的风险，表现为生、老、病、残和失业等社会风险。这些风险的不断累积，按照大数法则理论，达到或者超过一定临界值必定会引发各种危机、损害，危害一旦转变为现实，就会对个体安全和社会稳定构成直接威胁。与小农自给自足境况下的风险不同，现代社会是基于复杂的分工，处于社会化大生产条件下风险存在于每一个分工的环节，不仅风险更多，而且对单个个体危害也越大，由于个人或家庭应对突发事故的能力非常有限，传统的家庭保障功能正在逐步丧失其抵御风险的能力，那么，一旦发生灾害，如何最大限度地尽快恢复生产、生活呢？于是对各种危

害所造成的损失给予补偿的社会保障制度便应运而生。

这些保障制度大体上通过两种途径起作用：一种途径是预防和化解风险，社会保障制度起作用的原理与商业保险相同，都是通过社会保障、保险制度，构建一个使社会各成员之间通过各种制度设计（如社会救助、社会保险及社会福利）达到预防和化解风险及其危害的目的，这样就可以有效地化解风险对特定个体的巨大伤害，把这种对个体的风险转嫁为集体来承受，个体的巨大风险由整个社会来承担，相对来说，是可以承受的，单个个体就得到了相应的保护，进而消除造成对社会稳定的不利因素。

另一种途径是提供安全感。由于个体的灭顶之灾在全社会进行了分散，这就保护了个体的安全，增强了他们应对未来不确定因素的信心。对未来的稳定、可预见可预期是一个个人、社会维持稳定运行的重要因素，如果人们对未来充满信心，他们对社会的怨恨、抱怨心理就会骤减，社会就能维持一种高水平的稳定状况；反之，如果人们由于深感自身的危险而惶惶不可终日，又得不到社会的关心与帮助，那么就会对社会感到失望、沮丧，对自己的未来失去信心，人们会更多地看到事物的负面效应，产生各种悲观心理情绪，久而久之，更容易采取极端的方式来表达自己的不满，引发社会动荡。完善的社会保障制度是提升民众未来正向预期、保持正能量的重要途径。因此，完善的社会保障制度是民生"安全网"，是社会的"稳定器"和"安全阀"。

(二) 社会保障制度通过扶贫济弱，有助于实现社会稳定

贫困是社会不稳定的根源之一，虽然贫困并不必然导致犯罪，但贫困与社会越轨甚至犯罪现象之间存在密切的联系。"贫穷是最大的罪恶。"恩格斯在《英国工人阶级状况》中曾指出，当无产者穷到完全不能满足最迫切的生活需要，穷到要饭和饿肚子的时候，藐视一切社会秩序的倾向也就越来越严重了。而社会保障制度从其萌芽开始就是为了对抗贫困问题。发展到现在，缓解与预防贫困仍然是社会保障制度的主要功能之一。社会保险是以劳动者为保障对

象，以劳动者年老、伤残、失业、死亡等特殊事件为保障内容的生活保障政策，它可以使人们在因公害事故、失业、健康不良或因任何其他不幸使收入受到损失的情况下不至于沦为赤贫，对贫困主要起预防作用。社会福利是指政府与社会通过专业化的福利机构，为解决社会上特殊群体及一般社会成员的实际困难，提高国民生活质量而提供资金与服务等，使全体国民共享经济社会的发展成果。它对贫困既有缓解作用，又有预防作用。所以，完善的社会保障制度可以减少或预防贫困，在一定程度上避免社会成员因收入减少或中断陷入生存危机而导致的社会反抗行为，提高了社会稳定性。

（三）社会保障制度通过纠正收入差距过大问题，有助于实现社会稳定

绝对平均的收入分配造成"干好干坏一个样"，严重挫伤人们的劳动积极性，因此，适度、合理的收入差距可以调动劳动者的劳动积极性，提高生产效率，从而对经济发展起到积极的作用，但是，收入差距过度扩大到一定临界范围，造成贫富差距过大，就会严重损害社会公平和正义，随之影响社会稳定。

美国经济学家刘易斯曾说过："收入分配的变化是发展进程中最具有政治意义的方面，也是最容易诱发嫉妒心理和社会动荡的方面。"因为对社会公平的追求是人的本能，更是人的一项基本权利。假如由于社会分配不公而造成贫富差距过大，社会公平和正义的原则就要受到挑战，而如果以平等为基础的社会主义政权体制，听任不平等持续扩大，则其合法性将受到质疑；部分社会成员的愤世嫉俗与对抗情绪造成社会动荡一触即发也将是势之必然。在市场经济条件下，竞争必然加剧社会成员收入差距的扩大。这就要求政府采取一种有效的调剂手段，对国民收入在初次分配的基础上进行再分配，以缩小贫富差距悬殊这一类社会问题，实现分配结果的相对公平。社会保障制度，就其实质而言，就是一种国民收入的再分配方式，是不同社会群体在初次分配的基础上进行收入再分配的调节器。

政府在国民收入再分配过程中，凭借其行政权力，以所得税或费用的形式，向高收入者征收各种税费形成政府的财政收入，政府再通过政府转移支付来保障一些特殊社会成员的基本生活需要，从富人向穷人转移财富。具体来说，社会保障制度在多方面筹集资金的过程中，一般要求高收入者多缴纳税金或费用，低收入者少缴纳或不缴纳税金或费用，我国的个人所得税起征点为月收入3500元人民币。另外，由于政府转移支付需要达到一定的条件才可以享受，收入富裕的家庭或社会成员因其生活水平高，一般不可能达到财政转移支付的救助条件，他们享受社会保障的机会就会很少甚至基本没有可能；相反，低收入的贫困家庭或社会成员享受社会保障的机会多，从而在一定程度上实现缩小社会成员之间的贫富差距，缓解彼此的矛盾和冲突，维护社会公平与正义。

二　社会保障制度不完善对社会稳定的负向效应

社会保障制度的初衷就是在于给社会低收入者提供底线安全，提供安全网。但是，不完善的社会保障制度不能达到这一目的，有时甚至起到反作用。我国主要表现在以下几个方面：

（一）不完善的社会保障制度造成农村社会保障的严重缺失

改革开放，特别是最近十几年以来，我国社会保障制度由于经济的快速发展取得了迅猛发展。在城镇地区，以城镇职工基本养老、医疗保险和失业保险、工伤保险、生育保险为主要内容的社会保险体系基本建立，城镇居民低保等社会救助制度不断完善。在农村地区，新型农村养老保险制度、合作医疗制度正在加快推进。在一定程度上可以说建立了相对完善的社会保障制度，但是，由于我国是一个农村人口占大多数的城乡二元经济的发展中国家，社会保障制度起步较晚，目前仍处于改革、过渡转型之中，所以，在实践中，社会保障制度还不完善，特别是存在社会保障制度的地区差异和城乡差异，从而使社会稳定面临挑战。

一方面，社会保障制度没有实现覆盖到全体成员，特别是广大农村人口社会保障缺失严重。目前，世界各国社会保障制度的覆盖面平均达到60%以上，而我国虽然经过了多年的努力，目前仍仅为30%左右，许多社会成员未被纳入社会保障范围。享有基本养老保险的人数只有全社会从业人员的25%左右，绝大多数农村劳动者、农民工和城镇无业人员等制度边缘人群、体制外人员还几乎享受不到社会养老保障。按照现行失业保险政策规定，农村人口不在失业统计范围内，存在严重的户籍歧视现象，农民、个体户和自我雇佣者，城镇单位雇用的非正式工、季节工等都不在参保范围之内。

另一方面，完整的社会保障体系尚未建立。我国是世界上公认的各种自然灾害发生较频繁的国家，但相应的保险制度发展程度却非常低，专门针对自然灾害的险种设计寥寥无几，特别是针对农业生产的保险制度严重滞后。大灾救助基本依靠国家财政和民间捐助，由于两种力量相对有限，而且财政支持主要倾斜于城镇，社会保障安全网存在明显的漏洞。

（二）不完善的社会保障制度难以有效地缓解贫困现象

伴随社会保障体系框架初步形成，我国贫困人口逐步减少，人口素质和人民的生活质量大幅度提高。但是，由于我国正处于社会转型和经济体制转轨过程中，社会保障制度改革相对滞后，社会保障制度还存在保障范围比较窄、资源投入严重不足、支付标准偏低等突出问题。从国际上看，发达市场经济国家社会保障及福利方面的支出占财政支出比重一般高达50%左右，而我国2006年仅为11.05%。遭受自然灾害时，世界保险赔偿的平均水平为36%，而我国由于商业保险发展的相对滞后，保险赔偿仅接近5%，这在一定程度上削弱了社会保障制度在扶贫济困方面的作用。

在我国城乡还存在相当数量的贫困群体，这个群体主要包括农村居民中的贫困人群、失地农民和进城务工农民以及城市贫困人口（如因体制性因素下岗的职工、企业破产的失业职工、企业停产或半停产的在职职工和人均收入低于城市最低生活保障线的贫困人口）。一方面，这一群体的基本生活需求得不到必要的满足，生活处于绝对贫困状态，容易诱发社会动荡；另一方面，这一群体基本生活的满足程度以及发展机会低于或少于社会平均值，即处于相对贫困状态。相对贫困，虽然不至于无法满足最低生活需要，但是，由于其主要根源在于经济与社会资源分配的不公，因而容易使人在更大范围和程度上失去心理平衡，产生被剥夺感。当现实的社会不平等与头脑中的平等观念发生冲突时更是如此。不满与失望在特定条件下会演变成一种社会离心力，甚至反社会倾向。

（三）不完善的社会保障制度造成地区间的差距

我国经济发展的地区间不平衡现象比较严重，由于地区间的发展不平衡造成社会保障制度的地区间也不平衡，特别是发达的东部地区经济比较发达，筹集社会基金的能力也比较强；相反，经济落后地区经济发展水平落后，筹集社保基金的能力也就比较薄弱。我国社会保障制度地区间的转移也缺乏相应的转移机制，造成地区间的社会保障水平进一步拉大，社会保障制度没有起到缩小地区间差异的作用，甚至起到了相反的作用。

第三章 我国可量化社会稳定性统计研究

第一节 我国可量化社会稳定性评价指标体系研究

维护社会稳定是转型时期中国社会发展的重要支点之一。转型时期，社会稳定指标体系应该包括刑事案件指标、治安案件指标、上访行为指标、民事诉讼案件指标、群体性事件指标、安全责任事故指标、行政诉讼和复议案件指标以及媒体炒作的责任事件指标八类（见附表1）。

一 问题的提出及研究综述

改革、发展、稳定是当今中国社会主义现代化建设的主题，是中国现代化建设的三个重要支点。早在改革开放之初，邓小平同志就强调指出："中国的问题，压倒一切的是需要稳定。没有稳定的环境，什么都搞不成，已经取得的成果也会失掉。"在新形势下，习近平总书记强调："和谐社会不是没有矛盾的社会……社会总是在矛盾中前进的，建设和谐社会正是最大限度地减少不和谐因素、最大限度地增加和谐因素的过程，必须始终保持社会政治稳定。只有在社会稳定的前提下，才能集中精力去解决经济社会发展中各种不和谐的问题。"具体而言，在维护社会稳定的侧重点上，中央领导人的认识经历了一个过程。邓小平时期是强调政局稳定、政策稳定、经济稳定、文化稳定和社会稳定并行,重点突出稳定对社会发展的极端重要性,"稳定"一词开始上升到国家战略的层面得到广泛使用;习近平同志指出:"要处理好维稳与维权的关系",强调要提高运用法治思维和法治方式深化改革、推动发展、化解矛盾、维护稳定能力,形成了一套符合实际需要、能合理指导中国社会在稳定中不断向前发展的维护社会问题的思想体系。

相对于国家政策层面上的理论研究而言,我国学术界很早就开始关注社会稳定问题。在法学领域,主要集中在危机管理和行政法治方面。危机时期,国家和社会的关系能否正确地处理好直接关系到危机管理的成败和公民权益的维护。相比较而言,国外学者强调社会稳定是要保障社会的公平公正和公民的基本权利,建设清廉、公正和稳定的政府;国内学者强调从政治、经济、生活等不同层面对社会稳定的状态和特点进行阐释,视社会稳定为国家体制稳定、政府清廉公正、社会秩序井然、社会矛盾缓和、经济平稳发展的一种状态,是经济、政治、文化等多种人类活动因素综合作用的结果。共识在于强调社会生活的有序运行,视社会稳定为社会生活的动态平衡。

此外,随着近年来法学界法治指标体系研究热潮的兴起,关于社会稳定的评估系统、评估指标研究也已起步,并呈现出实证研究、学科交叉的特点。但总的来说,国内对维稳的"数字化"研究基本处于理论构建和评介层面,实用性、原创性不强,如对群体性事件研究较多,但对境内外敌对势力的渗透破坏被学者所忽略。从研究的角度来看,已有的研究主要是理论研究、个案研究;从研究的领域来看,已有研究主要是社会学研究、政治学研究;从研究的手段来看,已有的研究主要是定性分析,缺乏定量分析。因此,需要学术界对社会稳定形势展开定性、定量分析,把握隐含在社会治安、群体利益、公共安全、意识形态、境内外敌对势力、网络舆论中可能影响社会稳定的因素,建立涵盖面广的社会稳定评价指标体系,得到相关社会稳定指数,将维稳从末端应急工作模式转变到预警预防工作模式,掌握维稳主动权。本书的研究立足定量分析,通过总结调研资料,初步建立对社会稳定形势的把握指标和评价指标。

二 社会稳定指标体系的具体内容

社会稳定是庞大且复杂的社会系统的动态状态,任何一个要素或方面的无序扰动都会影响社会系统的整体稳定。反过来,任何一种社会因素的健康运行,都会对社会的整体稳定起到积极的促进作用。综合分析社会稳定需要分解社会系统的诸要素,量化社会稳定研究。这样做的意义在于保证从源头维稳。要正确维稳,首先须查明社会不稳定的根源。在现阶段,从经济源头入手,主要包括收入分配改革、收入差异、失业率等问题;从社会保障源头入手,主要有低保、养老医疗等问题;从分配不均源头入手,主要包括贫富差异、城镇差异、级别差异等问题。通过分解指标,容易找出引起社会突变的问题,有针对性地、有预防地分析、解决稳定问题。社会稳定指标分析的主要内容有以下八类要素。

(一)刑事案件指标

刑事案件所指向的犯罪活动是蔑视社会秩序的最明显、最极端的表现,对社会稳定的消极影响突出和直接。随着社会的发展,生产方式变革、利益主体多元化、下岗失业人员增多、农村剩余劳动力的闲置、职业游民阶层的增多、人财物的大量流通,导致刑事犯罪持续攀升。从社会稳定分析的要素来看,刑事案件指标包括刑事案件发生频率。一定时间和空间上发生的刑事案件与该时间及空间上的人口之比,一般以每万人口发生量表示,即每万人口中发生的刑事案件数=某段时间内刑事案件发生总数÷同期以万为单位的平均人口数。该数值越大,说明刑事案件发生频率越高,该地区社会治安较动荡,社会并不稳定。

(二)治安案件指标

治安案件是指违反治安管理法律法规,依法应该受到治安行政处罚，由公安机关依法立案查处的违反治安管理行为。按照我国公安机关受理的治安案件分类，它包括扰乱公共秩序、结伙斗殴、寻衅滋事，偷窃财物，骗取、抢夺、敲诈勒索财物，故意损坏公私财物，赌博，卖淫嫖娼，阻碍国家工作人员执行公务等各种违法活动。从社会稳定分析的要素来看，治安案件指标包括治安案件发生频率（计算同上）。

（三）劳动争议案件指标

劳动争议案件是劳动关系的双方当事人之间因劳动权利和义务而发生纠纷引发的诉讼案件。

（四）调解民间纠纷案件指标

调解民间纠纷案件是指调解委员会依照法律规定，根据自愿原则，用说服教育的方法，调解民间发生的有关民事权利和义务的争执，促成当事双方达到协议和谅解，解决纠纷。包括婚姻家庭纠纷、财产权益纠纷等，但不包括法院受理调解的民事案件数。

（五）交通事故指标

交通事故是指车辆在道路上因过错或者意外造成人身伤亡或者财产损失的事件。交通事故不仅是由不特定的人员违反交通管理法规造成的，也可以是由地震、台风、山洪、雷击等不可抗拒的自然灾害造成的。

（六）火灾指标

火灾是指在时间或空间上失去控制的燃烧。在各种灾害中，火灾是最经常、最普遍地威胁公众安全和社会发展的主要灾害之一。人类能够对火进行利用和控制，这是人类文明进步的一个重要标志。

（七）行政诉讼和复议案件指标

行政诉讼、行政复议是解决行政争议的法律方法，是民众争取自身权益的法律活动。行政诉讼和复议案件从一个侧面反映了行政机关与民众关系的和谐程度，折射了干群关系的和谐程度，其多寡也从一个侧面反映了社会矛盾的对抗程度。从社会稳定分析的要素来看,除行政诉讼和复议案件发生频率、增长率、增长速度外,行政诉讼和复议案件指标还包括行政复议比率。当事人能选择行政复议的方式解决行政争议,说明争议并不严重,"官民"关系并不是十分紧张。所以,行政复议比率越高,"官民"关系相对较和谐。行政复议比率=行政复议解决行政争议案件数÷行政诉讼和行政复议案件总数×100%。

（八）粗离婚率

粗离婚率是指在一定时期内（一般为年度）某地区离婚数与年平均人口之比,通常以千分率表示。

本书论及的社会稳定指标体系和社会稳定指数体系的是一个可计算的量化过程,只有通过各种渠道所能收集到的数据,社会稳定的评价指标体系才可以量化。

综上所述,可量化社会稳定评价指标体系可以概括如表3-1所示。

表3-1　　　　　可量化社会稳定评价指标体系

	社会稳定指标体系		指标说明或诠释	数据来源
社会稳定一般状态指标	公共安全指数	劳动争议案件受理数（件/万人）	本组指标是社会稳定最敏感的反映,是人们直接感受到的社会安全感。发生率越低,社会越稳定	公检法
		公安机关每万人口受理案件数（起/万人）		
		公安机关立案的刑事案件数(起)		
		交通事故发生数（起/万人）		
		火灾发生数（起/万人）		
	社会紧张指数	调解民间纠纷数（件/万人）	人民调解是政府和市民沟通和解决社会矛盾的主要方法。发生率越低,社会越稳定。本组指标也反映了人们主体意识和法律意识提高的表现。但是,处置不当将会影响社会稳定	公检法、民政局
		城镇登记失业率（‰）		
		粗离婚率（‰）		
		行政应诉案件数（起）		民政局
		行政复议案件数（起）		

第二节 我国社会稳定各影响因素变动趋势研究

一 社会稳定各因素时间序列变动趋势研究

为了对我国社会稳定状况做出量化分析，本书收集、选取了从1990—2012年的调解民间纠纷数（件/万人）、劳动争议案件受理数（件/万人）、公安机关每万人口受理案件数（起/万人）、公安机关立案的刑事案件（起/万人）、交通事故发生数（起/万人）、火灾发生数（起/万人）、粗离婚率（‰）、城镇登记失业率（%）八个指标23年的数据，作为反映社会稳定性的基本样本数据，见表3-2。这八个指标是能够收集到数据的，并且每个指标对社会稳定的影响都是显著的。首先对各个指标的变化状况、趋势分别做一个概括性的论述。

表3-2　　　　　　　我国社会稳定指标体系

年份	调解民间纠纷数（件/万人）	劳动争议案件受理数（件/万人）	公安机关每万人口受理案件数（起/万人）	公安机关立案的刑事案件数（起/万人）	交通事故发生数（起/万人）	火灾发生数（起/万人）	粗离婚率（‰）	城镇登记失业率（%）
1990	64.80388	0.148558	17.8	1.114069	2.188729	0.501185	0.69	2.5
1991	61.5208	0.11655	21.4	1.188201	2.284486	0.388878	0.72	2.3
1992	52.68547	0.123201	25.9	0.794508	2.135716	0.336184	0.74	2.3
1993	52.50688	0.185128	29.1	0.811279	2.030283	0.321422	0.77	2.6
1994	51.09494	0.283122	28.4	0.832866	2.115453	0.328385	0.82	2.8
1995	49.77238	0.485271	28.0	0.812533	2.244392	0.306602	0.88	2.9
1996	47.4081	0.697912	28.4	0.801962	2.350579	0.301138	0.93	3.0

续表

年份	调解民间纠纷数（件/万人）	劳动争议案件受理数（件/万人）	公安机关每万人口受理案件数（起/万人）	公安机关立案的刑事案件数（起/万人）	交通事故发生数（起/万人）	火灾发生数（起/万人）	粗离婚率（‰）	城镇登记失业率（%）
1997	44.83819	1.024406	26.8	0.808027	2.460785	1.134713	0.97	3.1
1998	42.21832	1.325778	26.8	0.994028	2.774337	1.132606	0.96	3.1
1999	41.24942	1.683489	27.6	1.125222	3.282241	1.430644	0.96	3.1
2000	39.6945	1.875647	36.2	1.818654	4.86789	1.492666	0.96	3.1
2001	38.08755	2.124002	46.2	2.227676	5.915041	1.698575	0.98	3.6
2002	24.45252	2.5125	51.7	2.166352	6.018832	2.010969	0.9	4.0
2003	34.76175	3.070291	47.6	2.193656	5.165383	1.965007	1.05	4.3
2004	33.95877	3.507366	52.7	2.354352	3.984129	1.944056	1.28	4.2
2005	34.31582	4.203424	58.5	2.318404	3.443467	1.804437	1.37	4.2
2006	35.20784	4.230067	56.3	2.364973	2.883269	1.694221	1.46	4.1
2007	36.32813	4.649195	67.4	2.395375	2.476436	1.237586	1.59	4.0
2008	37.50697	9.177188	71.2	2.432749	1.996988	1.030369	1.71	4.2
2009	43.43949	9.025413	88.2	2.777459	1.78607	0.969509	1.85	4.3
2010	62.77826	7.895211	94.8	2.970096	1.637105	0.988113	2.0	4.1
2011	66.31536	7.710599	97.1	2.986052	1.62928	0.98339	2.13	4.1
2012	68.43225	8.359434	102.3	3.256183	1.50805	1.123726	2.29	4.1

资料来源：表中数据来自《中国法律统计年鉴》（1991—2013）。

（一）调解民间纠纷数

社会生活中存在大量的民间纠纷。我国处理民间纠纷的一个特色是利用人民调解委员会来对大量的民间纠纷进行调解处理。因此，人民调解委员会调解的民间纠纷案件数量也可以从一个侧面反映民间社会冲突的多寡。根据《中国法律统计年鉴》的数据，1990—2012年，调解的全国民间纠纷先持续下降，从1990年的64.80388件/万人下降到最低为2002年的24.45252件/万人，然后又逐渐上升到2012年的68.43225件/万人，呈现深"V"形趋势（见图3-1）。从调解的民间纠纷数量下降来看，它似乎是一个积极的现象，但这只在社会冲突总量也在减少的前提下才可能成立。因为，如果社会冲突总量不变或甚至在增多，而调解的民间纠纷却在下降，这将意味着纠纷的可调解性减弱了。对此，要有清醒的认识。

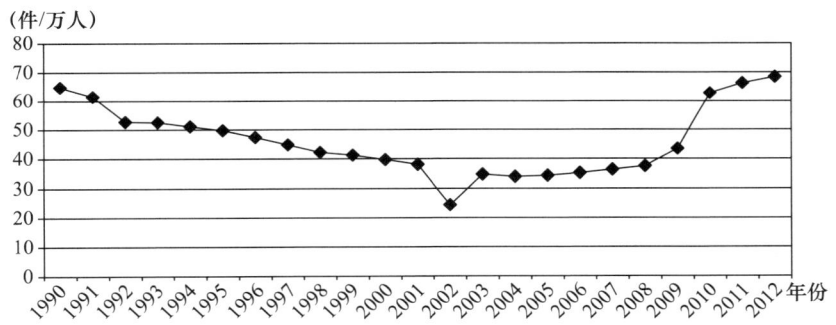

图3-1 1990—2012年调解民间纠纷情况

（二）劳动争议案件受理数

劳动争议案件情况反映的是劳动关系纠纷问题。近十年来，引发劳动争议的原因主要是劳动报酬、经济补偿及保险福利等基本劳动权益方面的争议，劳动争议案件数量和争议涉及劳动者人数都在大幅攀升。据统计，1990—2012年，全国各级劳动争议仲裁委员会受理的劳动争议案件持续上升，从9619万件迅速上升到641202万件，这里，我们将劳动争议案件数量与涉及人数两个因素综合起来考虑，以两者的指数平均值作为劳动争议总指数。由图3-2可知，1990—2012年全国劳动争议总指数从0.1486迅速上升到8.3594，12年增长了56.25倍，年均增长速度高达179%。这样的增长速度都远超出同期国内生产总值年均增长速度。日趋突出的劳动争议，不仅反映了劳动关系纠纷的紧张，而且已成为引发群体性事件的一个重要原因,有的地区已对社会稳定造成了严重危害。

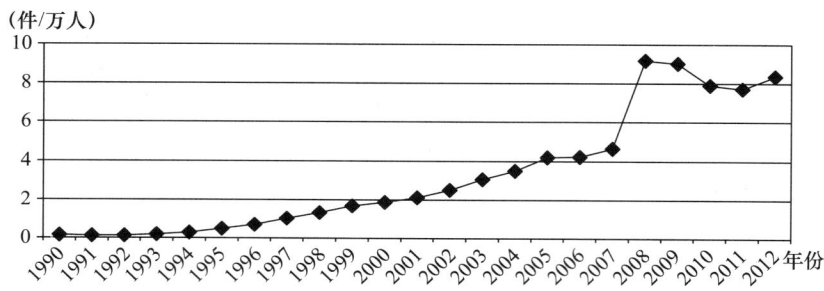

图3-2 1990—2012年劳动争议情况

(三) 公安机关每万人口受理案件数

按照我国公安机关受理的治安案件分类,它包括扰乱公共、工作秩序,结伙斗殴、寻衅滋事,偷窃财物,骗取、抢夺、敲诈勒索财物,故意损坏公私财物,赌博,卖淫嫖娼,阻碍国家工作人员执行公务等各种违法活动。据统计,1990—2012年,全国违法活动(治安案件)表现为总体上升的态势,案件从17.8万起上升为102.3万起,增加了5倍多;年均增长速度为173%(见图3-3)。

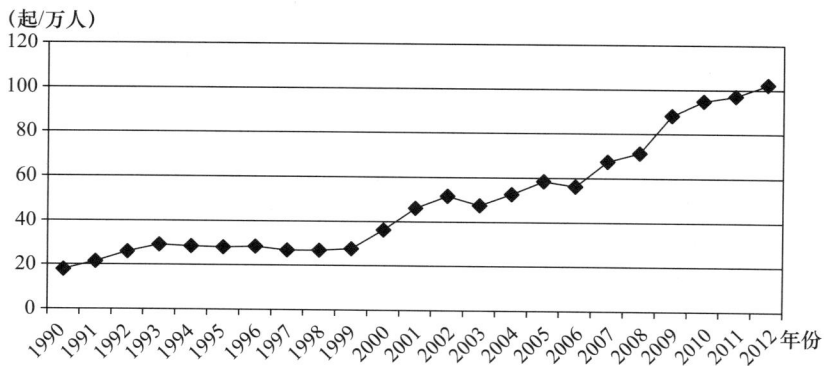

图3-3 1990—2012年公安机关治安情况

(四) 公安机关立案的刑事案件数

据统计，1990—2012年，全国公安机关刑事案件数表现为总体上升的态势，案件从1.114起/万人上升为3.256起/万人，增加了两倍以上（见图3-4）；年均增长速度为73%。刑事案件的发生对民众的生命财产安全造成了较大的伤害，严重的还会引起社会的恐慌心理，对社会稳定造成严重影响。

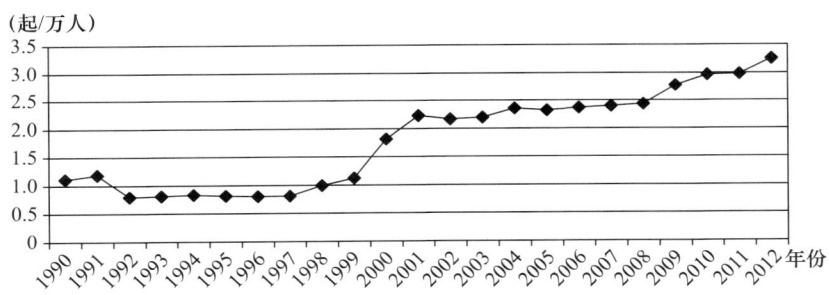

图3-4　1990—2012年公安机关立案的刑事案件情况

(五) 交通事故发生数

据统计，1990—2012年，全国交通事故案件表现为总体先上升后下降的态势，案件从2.189/万人起上升为2002年的6.019起/万人，增加了两倍多（见图3-5）；年均增长速度为33%。随后又逐年下降到2012年的1.5081起/万人。随着我国经济增长的迅猛发展，机动车辆拥有量也大幅增加，交通事故发生数也呈递增趋势。同时，由于我国交通管理部门的管理能力也有显著提升，交通管理相关法案的逐步推出，酒驾、醉驾入刑等措施加强了违规处罚，人们交通安全意识逐渐增强，交通事故也经历了先增加后下降的变化趋势。

(六) 火灾发生数

据统计，1990—2012年，全国火灾交通事故案件表现为总体先上升后下降的态势，案件从57302起上升为2002年的258315起，增加了4倍多；年均增长速度为33%（见图3-6）。随后又逐年下降到2012年的152157起。随着我国经济增长的迅猛发展，各种建筑设施拥有量也大幅增加，火灾事故发生可能性也增大，由于我国消防管理部门的管理能力也有显著提升，消防安全管理相关法案的逐步推出，火灾事故也经历了先增加后下降的变化趋势。

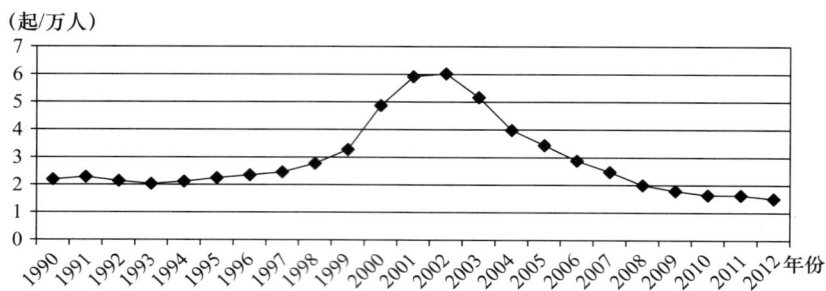

图3-5　1990—2012年交通事故情况

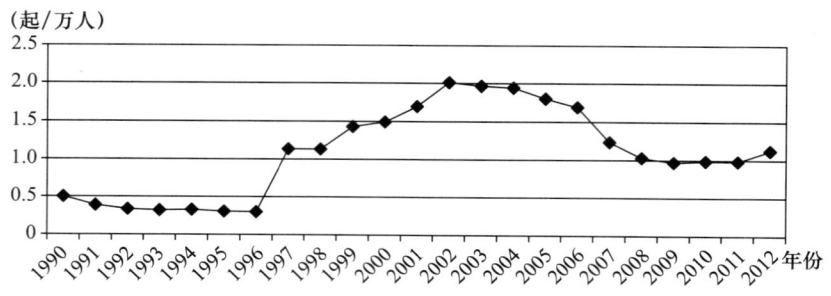

图3-6　1990—2012年火灾发生情况

（七）城镇登记失业率

据统计，1990—2012年，全国城镇登记失业率表现为总体平稳波动的态势，失业率从1990年的2.5%上升到2003年的4.3%，随后维持在4%左右（见图3-7）。失业造成人们的生活困难，造成家庭纠纷的增加，家庭生活的混乱也会造成社会问题的增加，进而对社会稳定造成负面影响；相反，失业减少，人们收入有保障，家庭就会和睦，社会问题也就会减少。

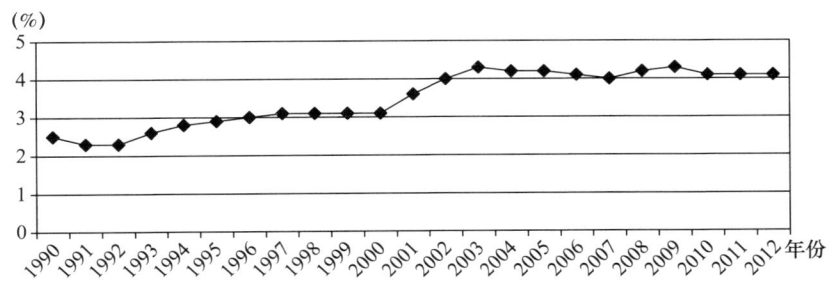

图 3-7　1990—2012 年城镇登记失业情况

（八）粗离婚率

据统计，1990—2012 年，全国粗离婚率表现为总体上升的态势，粗离婚率从 0.69‰ 上升为 2.29‰，增加了两倍以上；年均增长速度为 73%。随着经济的发展，人员流动加速，社会观念的变化等因素的影响，我国粗离婚率有上升的趋势，2002 年以前较为平稳，2002 年之后有加速上升的趋势（见图 3-8）。

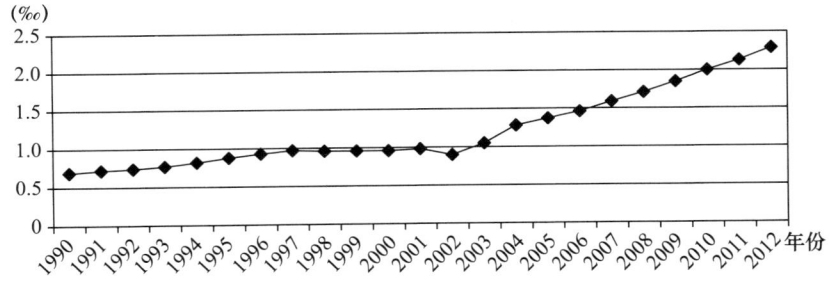

图 3-8　1990—2012 年粗离婚率情况

第三节 我国社会稳定综合评价研究

本节采用主成分分析法和因子分析法,以量化分析为手段,主要使用调解民间纠纷数、劳动争议案件受理数、公安机关每万人口受理案件数、公安机关立案的刑事案件数、交通事故发生数、火灾发生数、粗离婚率、城镇登记失业率等指标,对我国社会稳定性做出综合评价,并研究其发展态势。同时,使用粗离婚率、城镇登记失业率、行政应诉案件数、行政复议案件数、火灾数、交通事故发生数等指标对我国各地区的社会稳定性进行排名。

当前,我国的改革开放正处于攻坚时期,下一步改革措施的力度将比较大。在这种背景下,维护社会稳定所面临的压力就比较大。要保持社会的持续稳定,促进社会和谐发展,必须全面把握影响社会稳定的社会因素、经济因素,并准确认识其发展变化的态势。做好此项研究的基础是对社会稳定本身的定量测度问题。

对社会稳定的定性研究主要有:上海"社会稳定指标体系"课题组(2002)、杨智(2014),他们分别构建了社会稳定的评价指标体系。定量方面的研究比较少见,这主要是由于我国社会稳定的统计数据不够完善。白雪梅等(2007)对城乡收入不平等与社会稳定之间的关系进行了实证检验,提出收入不平等对社会稳定产生了显著的负面冲击。胡联合等(2005)、张明斗(2014)、谢旻荻等(2006)从经济因素与犯罪率关系角度对社会稳定形势进行归因分析,提出了经济发展水平、收入差距、市场开放程度都对犯罪率(表示社会稳定)有显著影响。田鹤城等(2009)通过分析经济增长、收入差距、人口流动率、城市化水平与犯罪率的相关关系,认为这些因素对犯罪率变化存在重要影响。陈春良等(2009)基于扩展的犯罪经济学模型,定量分析了收入差距与刑事犯罪行为之间的关系。黄应绘等(2011)则选取城乡收入差距、社会腐败及社会福利救济等财政支出结构指标，作为影响社会稳定的解释变量进行研究。

以上对于社会稳定的测度主要是依据刑事犯罪率来代表社会稳定程度或者以中国历年侵财案件发生率和历年暴力案件发生率，作为社会安定的测度变量；李长安、赖德胜（2014）收集了1980—2006年的数据，建立了一个衡量城乡差距影响社会总稳定的评价指标体系，采取主成分分析方法，估算了城乡差距对稳定影响的程度。其研究结果表明，城乡差距对稳定的影响总体而言是较为明显的，认为城乡差距扩大是导致社会经济发展不稳定的重要因素。

李长安等（2013）选择城乡收入差距作为回归分析主变量，并加入其他控制变量，进一步佐证了城乡收入差距与社会不稳定性的正向相关关系。除了从各类收入差距角度进行社会稳定的归因分析，还有在收入差距作为主要控制变量的基础上，加入城镇化、对外开放和经济增长等变量，分析对社会稳定的影响。在其研究中，构建了一个指标体系来反映社会稳定性，但是，其指标构建存在一定的问题。其中，社会总稳定指标由社会稳定、经济稳定和家庭稳定三个二级指标构成。而按照上海"社会稳定指标体系"课题组的研究，其中，经济因素是社会稳定的原因而非结果，将经济因素作为衡量社会稳定的内在因素是不合适的。

本书借鉴上海"社会稳定指标体系"课题组的研究成果，从综合定量角度对社会稳定情况进行分析，利用主成分分析法。本书将社会稳定指标分解为调解民间纠纷数、劳动争议案件受理数、公安机关每万人口受理案件数、公安机关立案的刑事案件数、交通事故发生数、火灾发生数、粗离婚率、城镇登记失业率等指标得分表示社会稳定程度。在经典主成分分析的基础上，以一个综合变量来取代原有的全局变量，再以此为基础，描绘出系统的总体水平随时间的变化轨迹。

一 时序全局主成分分析

本书选用指标体系综合分值法测算中国社会稳定水平。所谓指标体系综合分值法,就是在建立测度指标体系的基础上,用相应的计算公式把社会稳定水平指标转化成相对指数。

基本步骤如下:

(一) 对八种因素进行标准化处理

由于大多数社会指标依据不同的研究对象都具有不同的量纲,有的指标值数量级上也有很大差异,在应用主成分分析研究问题时,不同的量纲和数量会引出新的问题。为了消除由于量纲的不同可能带来的不合理影响,在进行主成分分析之前,先对数据作标准化处理。

1. 单项指标指数化方法

中国社会稳定水平评价指标体系有 8 个指标,各地区每个指标的数值表达各地区在社会稳定性水平某一方面的相对位置,指数化就是计算每个不同指标的相对位置。社会稳定水平指标计算的具体步骤是:

(1) 设定指标得分区间。设定基期年份各指标得分的最大值和最小值分别为 1 和 0,其中,0 分为下限,1 分为上限。

(2) 计算指标得分。按指标类型,用两种计算公式将原始指标值转化为相对指数。如果第 i 个指标为社会稳定的正指标时,其得分 $=\dfrac{V_i - V_{\min}}{V_{\max} - V_{\min}}$;反之,当第 i 个指标为社会稳定的逆指标时,其得分 $=\dfrac{V_{\max} - V_i}{V_{\max} - V_{\min}}$。其中,$V_i$ 是某地区某年份第 i 个指标的原始值,$V_{\max}$ 和 $V_{\min}$ 分别是各地区基期年第 i 个指标相对应的原始数据中的最大值和最小值。经过上述处理,各级指标指数均与市场化水平呈正相关关系。

2. 以主成分分析方法确定指标权重

社会稳定是一个抽象的概念,其各组成部分的重要程度很难从社会科学理论或定性来加以判断。为了避免主观随机因素的干扰,本书采用主成分分析法了确定各个指标的权重,该方法最大的特点和优势在于其客观性,即权重不是根据人的主观判断,而是由数据自身的特征所确定的。本书运用 Eviews8.0 统计分析软件中的 Factor

过程对中国社会稳定水平进行主成分分析。

（二）进行主成分分析

主成分分析是一种分析、简化数据集的技术。主成分分析经常用于减少数据集的维数，同时保持数据集中的对方差贡献最大的特征。这是通过保留低阶主成分，忽略高阶主成分来实现的。这样，低阶成分往往能够保留住数据的最重要方面。但是，这也不是一定的，要视具体应用而定。由于主成分分析依赖所给的数据，所以，数据的准确性对分析结果影响很大。使用 Eviews8.0 进行主成分分析，得到特征值和特征矢量（见表3-3和表3-4）。

表3-3　　　　　　　　基于主成分分析的总方差解释

主成分	特征值	方差	累计特征值（%）	累计方差（%）
1	4.780255	2.17482	4.780255	0.5975
2	2.605436	2.230631	7.385691	0.9232
3	0.374804	0.255106	7.760495	0.9701
4	0.119699	0.069902	7.880194	0.985
5	0.049796	0.016497	7.92999	0.9912
6	0.033299	0.00537	7.963289	0.9954
7	0.027929	0.019146	7.991218	0.9989
8	0.008782	—	8	1

表3-4　　　　　　　　各主成分指标系数

变量	PC_1	PC_2	PC_3	PC_4	PC_5	PC_6	PC_7
Y_1	-0.00426	0.577339	0.515661	-0.48175	0.027059	0.042971	0.359093
Y_2	0.249565	0.488015	0.200627	0.721807	-0.26742	-0.05123	0.056397
Y_3	0.422201	-0.2226	-0.04853	0.183918	0.031156	-0.42757	0.387931
Y_4	0.427596	0.171998	-0.2086	0.097769	0.655611	0.548343	0.010789
Y_5	0.443638	0.018027	0.31288	-0.16488	-0.09811	-0.09372	-0.78569
Y_6	0.437375	-0.15361	0.086727	-0.25494	0.234132	-0.42179	0.177788
Y_7	0.431921	-0.1481	-0.19363	-0.24812	-0.65088	0.462523	0.222102
Y_8	-0.04403	-0.55094	0.710678	0.223135	0.088269	0.333797	0.137903

由表 3-3 的总方差解释可知,前两个主成分的累计方差贡献率已达 92.32%,基本上保留了原来指标的信息。这样,用两个新变量 Z_1、Z_2 代替原来的 5 个指标,则线性组合为:

$Z_1 = -0.0042Y_1 + 0.2496Y_2 + 0.4222Y_3 + 0.4276Y_4 + 0.4437Y_5 + 0.4374Y_6 + 0.4319Y_7 - 0.044Y_8$

$Z_2 = 0.5773Y_1 + 0.4880Y_2 - 0.2226Y_3 + 0.1720Y_4 + 0.01802Y_5 - 0.1536Y_6 - 0.1481Y_7 - 0.5509Y_8$。

(三)构造综合评价模型

以所选取的第一个、第二个主成分的方差贡献率 0.597531875、0.3256795 作为权数,构造综合评价模型如下:

$F = 0.597531875Z_1 + 0.3256795Z_2$

式中,F 为综合评价指标,代入 Z_1,Z_2 得出 1990—2012 年的 23 个综合评价值 F,该综合评价值 F 就是社会稳定的综合评价值,其结果见表 3-5。

表 3-5　　　　　　各年份社会稳定综合得分

年份	社会稳定综合得分	社会稳定变化率(100%)
1990	2.726313	—
1991	2.762995	1.33
1992	2.868184	3.67
1993	2.590578	-10.72
1994	2.401776	-7.86
1995	2.281131	-5.29
1996	2.138143	-6.69
1997	1.651387	-29.48
1998	1.510423	-9.33
1999	1.246152	-21.21
2000	0.675011	-84.61
2001	-0.16453	-510.26
2002	-0.63931	-74.26

续表

年份	社会稳定综合得分	社会稳定变化率（100%）
2003	-0.92517	-30.9
2004	-1.29921	-28.79
2005	-1.49632	-13.17
2006	-1.45713	2.69
2007	-1.57483	-7.47
2008	-2.43477	-35.32
2009	-3.02314	-19.46
2010	-3.0253	-0.07
2011	-3.14686	-3.86
2012	-3.66553	-14.15

（四）根据每年的综合评价值 F 绘制时间序列图

时序分析是借助趋势图法，通过直接观察数据点的相对位置的时序变化，来分析数据的运动规律及其结构变迁，绘制的趋势图见图 3-9。由图 3-9 可以看出，1990—2012 年，我国的社会稳定性一直在降低，特别是 2007—2009 年前后，社会稳定性降低的幅度比较大，2010—2012 年前后又有所缓解。

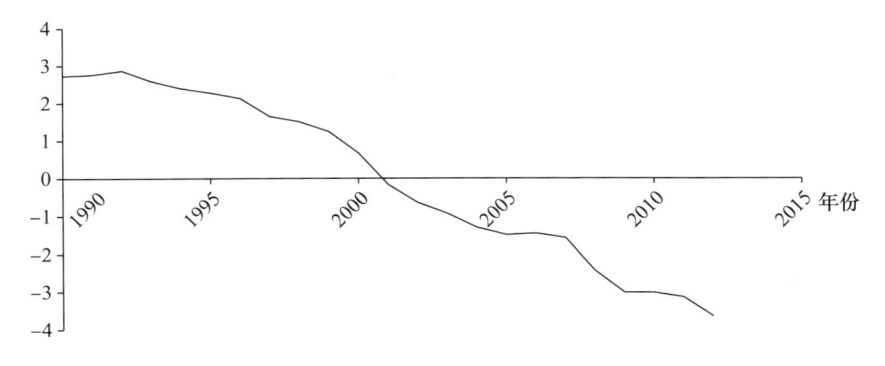

图 3-9 1990—2012 年社会稳定综合得分走势情况

由图 3-10 社会保障变化率变动趋势图还可以观察到，每年的变化率大多为负值，特别是从 2000—2002 年，变化率达到 -84.61、-510.26、-74.26 的负向变动率，下降幅度比较大，说明 2000—2002 年连续三年社会稳定变动率较大。

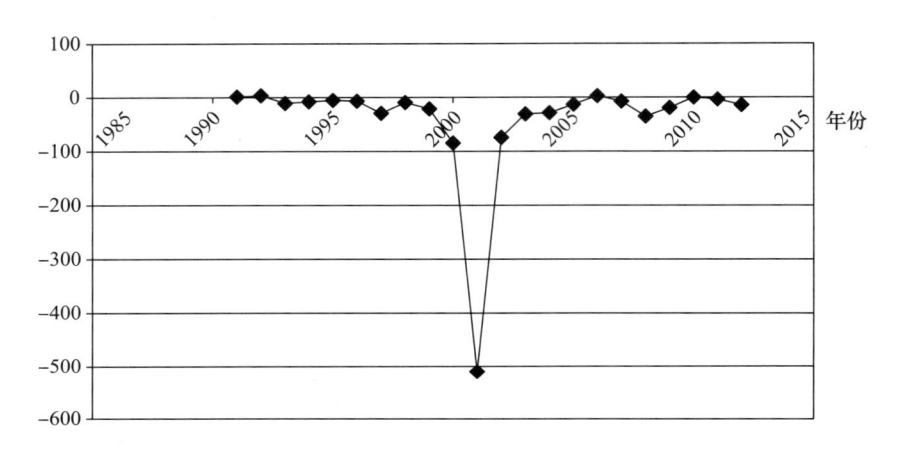

图 3-10　1990—2012 年社会稳定变化率变动趋势

（五）社会稳定性的因子分析

根据以上标准化的 8 个指标的数据，使用 Eviews8.0 做因子分析，得到公共安全和社会紧张两个因子，两个因子的系数如表 3-6 所示。

表 3-6　　　　　　我国社会稳定指标的因子分析

指标	公共安全（因子1）	社会紧张（因子2）
调解民间纠纷数（件/万人）	-0.20098	0.914048
劳动争议案件受理数（件/万人）	0.363507	0.875683
公安机关每万人口受理案件数（起/万人）	0.977517	-0.15794
公安机关立案的刑事案件数（起）	0.847184	0.444554
交通事故发生数（起/万人）	0.936301	0.254016
火灾发生数（起）	0.986992	-0.03462
粗离婚率（‰）	0.964582	-0.0455
城镇登记失业率（%）	0.093904	-0.80104

其中，因子 1 主要与公安机关每万人口受理案件数、公安机关立案的刑事案件数、交通事故发生数、火灾发生数和粗离婚率有关，这 4 个指标是社会稳定中最敏感、最迅速的反应，也是市民能够直接感受到的社会安全感，而且都与社会公共安全相关，因此，把因子 1 定义为社会公共安全因子；同时，因子 2 主要与人民调解、劳动争议有关，居民之间的邻里矛盾处理不好，也可能激化为治安，甚至引发刑事案件，人民调解工作是否有效也是维护社会稳定的重要因素。劳动争议事关劳动者的收入权益，争议处理是否公允也是导致社会关系紧张与否的因素，这两方面的因素会造成社会关系的紧张，因此定义为社会紧张因子。

1990—2012 年，我国社会稳定各因子历年得分情况如表 3 – 7 所示。

表 3 – 7　　1990—2012 年我国社会稳定各因子历年得分情况

年份	社会公共安全因子（因子1）	社会公共安全因子变动率	社会紧张因子（因子2）	社会紧张因子变动率
1990	1.155024	—	0.734803	—
1991	1.106374	-4.4	0.841127	12.64
1992	1.097015	-0.85	0.956762	12.09
1993	0.995107	-10.24	0.916404	-4.4
1994	0.934071	-6.53	0.841701	-8.88
1995	0.876715	-6.54	0.830192	-1.39
1996	0.815232	-7.54	0.796157	-4.27
1997	0.739016	-10.31	0.172857	-360.59
1998	0.711976	-3.8	0.023086	-648.75
1999	0.660288	-7.83	-0.34214	-106.75
2000	0.457998	-44.17	-0.93999	-63.6
2001	0.194789	-135.13	-1.58523	-40.7
2002	0.132454	-47.06	-2.1119	-24.94
2003	-0.0067	-2078.4	-1.77222	19.17

续表

年份	社会公共安全因子（因子1）	社会公共安全因子变动率	社会紧张因子（因子2）	社会紧张因子变动率
2004	-0.2956	-97.74	-1.2753	38.97
2005	-0.45776	-35.43	-0.94102	35.52
2006	-0.50184	-8.78	-0.62877	49.66
2007	-0.73302	-31.54	-0.04585	1271.46
2008	-1.06484	-31.16	0.296711	115.45
2009	-1.44194	-26.15	0.476411	37.72
2010	-1.61571	-10.75	0.816327	41.64
2011	-1.74621	-7.47	0.953463	14.38
2012	-2.01246	-13.23	0.986418	3.34

由图3-11社会稳定各因子历年得分变动趋势图可都看出，受我国社会公共安全因素变化下降的影响，使我国的社会稳定性逐年下降，而社会紧张因素变化却呈现出显著的大"V"字形底。2002年以前，社会紧张因子指数下降很快，在2002年以后呈现显著提升的态势，说明社会紧张程度达到显著的改善。社会紧张程度的改善，一个可能的原因是我国对于劳资关系的关注，特别是2008年颁布实施的《中华人民共和国劳动合同法》使劳动合同的制定、签署有法可依，使得劳动争议案件有所减少，同时也使民间劳动雇佣的纠纷也因此而减少。但是，社会治安、刑事案件的发生却一直在迅速增加，离婚案件的发生率一直在上升，从而导致社会公共安全指数一直在迅速下降，我国社会稳定状况的改善必须在公共安全方面做出更大的努力。

二 各地区面板数据社会稳定性排序

研究各地区社会稳定性选取的指标为粗离婚率、城镇登记失业率、行政应诉案件数、行政复议案件数、火灾数、交通事故发生数。其中，后4个指标分别除以相应年份该地区人口数，时间从

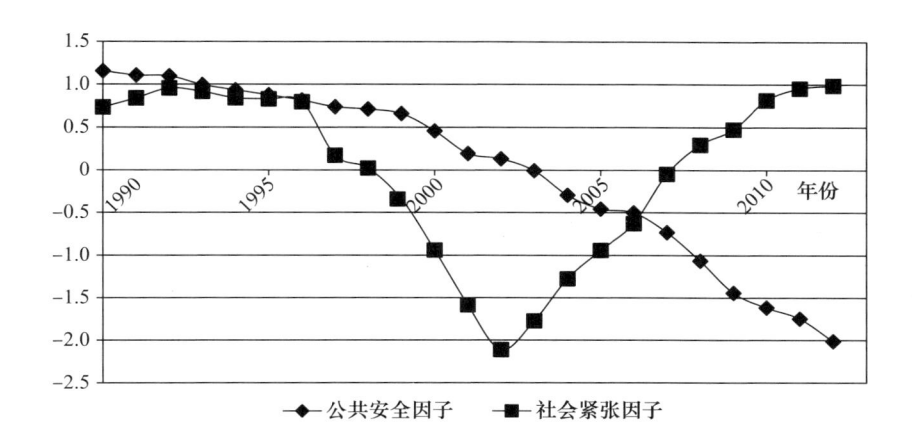

图 3-11 社会稳定各因子历年变动趋势

2010—2012 年三年的数据，得到平均指标。分地区的公安机关每万人口受理案件数、公安机关立案的刑事案件数并未统计，本书使用行政应诉案件数、行政复议案件数代替，其中，行政诉讼通常被称为"民告官"的制度，它是指公民、法人和其他组织认为行政机关工作人员的具体行政行为侵犯其合法权益，依法向人民法院提起诉讼，由人民法院对具体行政行为进行审查并做出裁判的诉讼制度。行政复议是指公民、法人或者其他组织不服行政主体做出的具体行政行为，认为行政主体的具体行政行为侵犯了其合法权益，依法向法定的行政复议机关提出复议申请，行政复议机关依法对该具体行政行为进行合法性、适当性审查，并做出行政复议决定的行政行为。行政复议是公民、法人或其他组织通过行政救济途径解决行政争议的一种方法。

重复以上各指标的标准化方法，将各指标数据按年份顺序排列，然后按照三年截面数据整体标准化，最后由 6 个指标指数按照一定权重合成总指数。这一指数值不仅能反映同一时期不同地区社会稳定水平在全国范围内的相对地位，还能从其时序变化中揭示出各个地区社会稳定的动态趋势。因此，本书提出的市场化水平指数既可用于同一时期不同地区的截面比较，又可用于单一省份的时序比较,以及跨期多省份比较。

由表3-8可知,前4个主成分方差贡献率达到了83.35%,本书选择前4个主成分来代替我国社会稳定的综合信息。

表3-8 基于主成分分析的总方差解释

主成分	特征值	方差	累计特征值(%)	累计方差(%)
1	1.60998	0.18776	1.60998	0.2683
2	1.42222	0.289096	3.0322	0.5054
3	1.133124	0.29773	4.165324	0.6942
4	0.835394	0.308416	5.000718	0.8335
5	0.526979	0.054676	5.527697	0.9213
6	0.472303	—	6	1

结合表3-9个主成分系数,得到4个主成分如下:

$Z_1 = 0.362082Y_1 + 0.37152Y_2 - 0.362672Y_3 + 0.351874Y_4 + 0.50012Y_5 + 0.474766Y_6$

$Z_2 = 0.51042Y_1 + 0.039071Y_2 + 0.598929Y_3 + 0.55553214 - 0.141694Y_5 - 0.224801Y_6$

$Z_3 = 0.437081Y_1 - 0.667349Y_2 + 0.095955Y_3 - 0.335553Y_4 + 0.491682Y_5 - 0.007064Y_6$

$Z_4 = -0.077882Y_1 - 0.431144Y_2 + 0.118396Y_3 + 0.184776Y_4 - 0.401838Y_5 + 0.773573Y_6$

表3-9 各主成分指标系数

变量	PC_1	PC_2	PC_3	PC_4	PC_5	PC_6
Y_1	0.362082	0.51042	0.437081	-0.077882	-0.218789	-0.602821
Y_2	0.37152	0.039071	-0.667349	-0.431144	0.368476	-0.305666
Y_3	-0.362672	0.598929	0.095955	0.118396	0.691334	0.09265
Y_4	0.351874	0.555532	-0.335553	0.184776	-0.354561	0.543247
Y_5	0.50012	-0.141694	0.491682	-0.401838	0.322461	0.471801
Y_6	0.474766	-0.224801	-0.007064	0.773573	0.329726	-0.129912

再以表3-8中的方差系数作为各主成分权重,得到社会稳定的综合评价得分,其计算公式如下:

$$F = 0.18776Z_1 + 0.289096Z_2 + 0.29773Z_3 + 0.308416Z_4$$

经过计算,得到2010—2012年我国各地区社会稳定综合评价得分,再分年度经过排名得到表3-10。

表3-10 2010—2012年我国分地区社会稳定综合得分及其排名

2010年			2011年			2012年		
省份	稳定性	排序	省份	稳定性	排序	省份	稳定性	排序
广东	0.0791	1	西藏	0.11431	1	海南	0.252475	1
浙江	0.049419	2	海南	0.085648	2	西藏	0.155065	2
北京	0.048611	3	浙江	0.015024	3	宁夏	0.049452	3
西藏	0.027327	4	广东	0.013434	4	浙江	0.028613	4
福建	0.020468	5	宁夏	-0.0411	5	广东	0.006083	5
海南	0.002167	6	山西	-0.04243	6	甘肃	0.002547	6
宁夏	-0.0159	7	甘肃	-0.04954	7	北京	-0.0135	7
青海	-0.02176	8	福建	-0.04958	8	青海	-0.01786	8
山西	-0.02868	9	青海	-0.05179	9	山西	-0.03166	9
甘肃	-0.04919	10	北京	-0.06897	10	天津	-0.04773	10
江苏	-0.09073	11	安徽	-0.06968	11	陕西	-0.05117	11
内蒙古	-0.09408	12	陕西	-0.08528	12	安徽	-0.05787	12
陕西	-0.10892	13	江苏	-0.10873	13	福建	-0.05811	13
江西	-0.12923	14	内蒙古	-0.11678	14	江苏	-0.10189	14
山东	-0.13211	15	江西	-0.12614	15	内蒙古	-0.11388	15
天津	-0.13287	16	广西	-0.13028	16	山东	-0.12736	16
河南	-0.13392	17	山东	-0.1368	17	河南	-0.13165	17
安徽	-0.13673	18	河南	-0.13688	18	江西	-0.13387	18
广西	-0.15261	19	云南	-0.16349	19	上海	-0.1401	19
河北	-0.15486	20	湖南	-0.17964	20	广西	-0.14931	20
云南	-0.15984	21	湖北	-0.18508	21	云南	-0.17194	21
湖南	-0.17465	22	贵州	-0.19202	22	湖南	-0.17889	22

续表

2010年			2011年			2012年		
省份	稳定性	排序	省份	稳定性	排序	省份	稳定性	排序
湖北	-0.18382	23	河北	-0.20748	23	重庆	-0.18772	23
贵州	-0.19024	24	天津	-0.21695	24	湖北	-0.19844	24
新疆	-0.19725	25	重庆	-0.22382	25	贵州	-0.20604	25
四川	-0.20242	26	四川	-0.22626	26	河北	-0.2076	26
吉林	-0.21299	27	新疆	-0.22912	27	新疆	-0.21867	27
辽宁	-0.22391	28	吉林	-0.25968	28	辽宁	-0.22683	28
上海	-0.24941	29	辽宁	-0.27147	29	四川	-0.26436	29
重庆	-0.25663	30	上海	-0.28202	30	吉林	-0.2676	30
黑龙江	-0.34994	31	黑龙江	-0.36208	31	黑龙江	-0.35646	31

由表3-10的结果可知，我国各地区社会稳定性排名结果，其中，东三省（黑龙江、吉林、辽宁）的社会稳定性较差，最近几年来，一直排在最后几名，令人意外的是，2010—2011年，上海市的社会稳定性也排在最后几名，但是，2012年上海市的社会稳定性排名又有所提高。由表3-10中的结果可以看出，社会稳定并不必然与经济发展水平相关，其中，西藏、海南、宁夏三省份的经济发展水平不高，但其社会稳定性排名却是比较靠前的，特别是西藏和海南，最近几年一直排在前几位。经济比较发达的广东省、浙江省的社会稳定性排名也比较靠前。总体来说，东部地区省份经济发达，社会稳定程度较高，中部地区适中，西部地区稳定性较差。总体而言，经济越发达，人民收入水平越高，幸福感越强，社会稳定性也越好，但是，地区之间收入差距越大，社会稳定性也就越差。

由于本书所选指标有限，此表3-10的排名虽然并不能代表真实的社会稳定性次序，但是，也从一个侧面反映出我国各地区社会稳定性的大致情况以及发展趋势。

第四章　我国社会保障支出及其城乡差异研究

第一节　社会保障支出变动趋势研究

我国社会保障支出主要由基本养老保险、医疗保险、失业保险、工伤保险与生育保险以及财政社会保障支出组成，它们的总和构成了社会保障支出总额。每个分项因为社会保障制度设计的原因，其城乡差异也不尽相同，比如，基本养老保险、医疗保险城乡统筹层次、时间都不相同，其对社会稳定的影响也有差异，因此，有必要将它们分别计算城乡差异，然后研究各个分项对社会稳定的影响。考虑到城乡收入的差距比较大，各个分项分城乡除以相应的人均可支配收入或者纯收入，然后，再以此相对量的差异来表示城乡社会保障的差异水平。

为了研究社会保障支出对社会稳定的影响，我们除对社会稳定进行量化分析之外，还要对我国社会保障的情况做一个具体分析，表4-1就是社会保障各分项的数据，由数据可以看出，我国社会保障支出在最近20年里迅速增长，从1993年的557.47亿元增加到2012年的34767.12亿元，增长了约61倍，各分项数据也是迅速增加，由于市场经济改革的迅速推进，从企业办社会到社企分开，社会保障的功能迅速凸显。

表 4-1　　　　　　　社会保障各分项历年数据　　　　　　单位：亿元

年份	社会保障支出	城镇职工基本养老保险	失业保险	城镇基本医疗保险	财政支出中社会保障支出
1993	557.47	470.6	9.3	2.2	75.27
1994	775.14	661.1	14.2	4.6	95.14
1995	992.56	847.6	18.9	10.7	115.46
1996	1210.43	1031.9	27.3	23.2	128.03
1997	1481.34	1251.3	36.3	51.5	142.14
1998	1808.16	1511.6	51.9	69.1	171.26
1999	2287.98	1924.9	91.6	91.6	179.88
2000	2598.63	2115.5	123.4	146.6	213.03
2001	4735.4	2321.3	156.6	270.2	1987.4
2002	6107.72	2842.9	186.6	442.1	2636.22
2003	6672.31	3122.1	199.8	694.5	2655.91
2004	7743.46	3502.1	211.3	914.3	3116.06
2005	9099.66	4040.3	206.9	1153.6	3698.86
2006	10871.51	4896.7	198.0	1382.7	4394.11
2007	13335.06	5964.9	217.7	1705.3	5447.16
2008	16729.39	7389.6	253.5	2282	6804.29
2009	19909.28	8894.4	366.8	3041.4	7606.68
2010	23899.9	10554.8	423.3	3840.4	9081.4
2011	29164	12764.9	432.8	4857	11109.4
2012	34767.12	15561.8	450.6	6169.2	12585.52

由图 4-1 可以看出，我国社会保障量增长趋势显著，特别是 2000 年之后，保持了高速增长，可以说过去的 20 多年是中国经济高速增长的时段，同时社会保障支出也是显著增长的时期，这

说明我国居民的保障水平也在迅速提高。社会保障支出的增长幅度超过了经济增长的幅度，说明我国为了配合市场经济的转型，更多地从企业办社会向政府办社会的转变，这要求大幅度提高社会保障的支出幅度，才能保障居民在市场竞争环境中的基本安定生活。

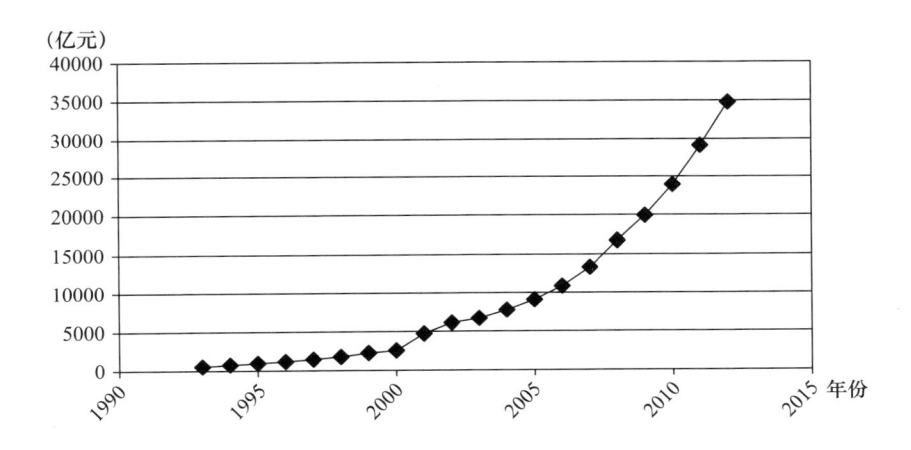

图 4-1　1993—2012 年社会保障支出变动趋势

由图 4-2 可以看出，我国的基本养老保险增长趋势显著，特别是 2005 年之后，保持了高速增长，过去的 20 多年是中国经济高速增长的时段，同时，也是老龄化加重的时期，由于计划生育政策的实施，老龄人口绝对数、相对数都迅速提高，特别是 20 世纪 90 年代的国有企业改制、职工下岗、工龄买断等措施的实施，企业得到了解困，但是，下岗职工、提前退休职工的养老问题就成了社会问题，特别是当时提前退休或者办理停薪留职的职工在 2000 年以后都达到了退休年龄，这就需要基本养老保险也要显著地增长，这说明我国居民的养老保障水平也在迅速提高。

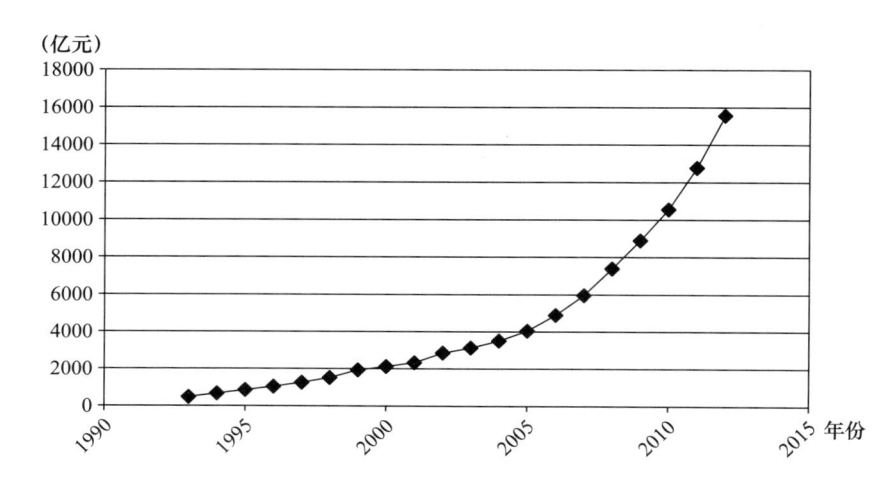

图 4-2　1993—2012 年基本养老保险变动趋势

由图 4-3 可以看出，我国失业保险增长显著趋势，特别是 1996 年之后直到 2005 年期间，保持了高速增长；2005 年左右有一个短暂的平稳过渡阶段；2008 年之后，又增长很快，直到最近这种趋势仍然很明显。过去的 20 多年是中国经济高速增长的时期，同时失业率并没有显著的变化，但是，下岗职工的保障水平迅速提高，这要求我国居民的失业保险水平也要迅速提高。同时，由于 2008 年新《中华人民共和国劳动法》的实施，企业为农民工缴纳和支付了更多的失业保险金，这个时期（2008 年至今）失业保险迅速提高。

由图 4-4 可以看出，我国医疗保险增长趋势显著，特别是 2000 年之后，保持了高速增长，直到最近这种趋势仍然很明显，过去的 20 多年是中国经济高速增长的时期，居民在生活水平提高的同时更加注重生活质量，注重身体健康，需要更多的医疗服务，这要求我国居民的医疗保险水平也要迅速提高。同时，由于新《中华人民共和国劳动法》的实施，企业为数量更为广泛的农民工缴纳和支付了更多的医疗保险金。

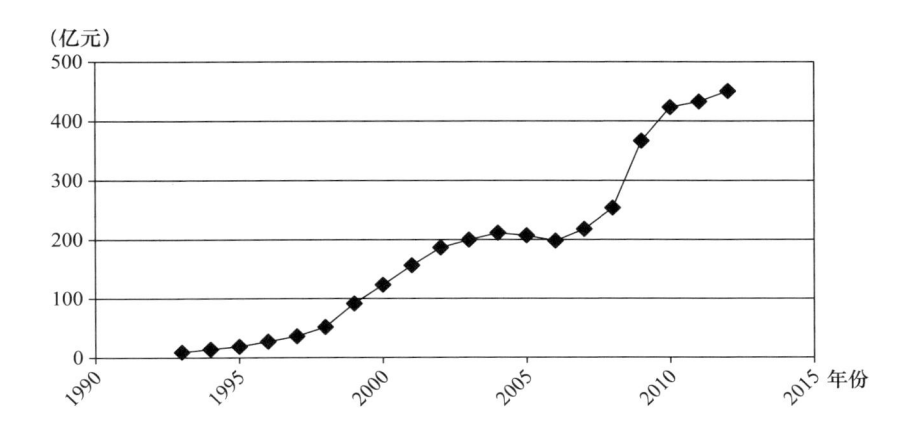

图 4-3　1993—2012 年失业保险变动趋势

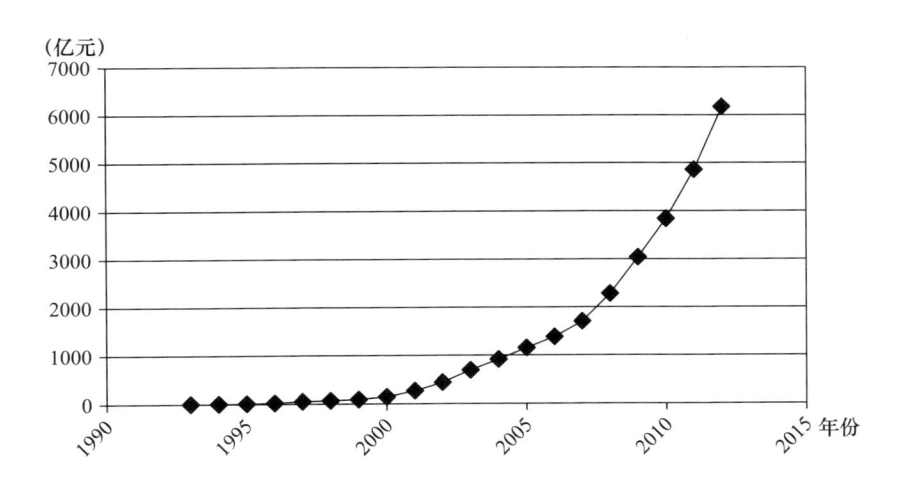

图 4-4　1993—2012 年医疗保险变动趋势

由图 4-5 可以看出，我国财政支出中社会保障支出增长趋势显著，特别是 2000 年之后，保持了高速增长，直到最近这种趋势仍然很明显，过去的 20 多年是中国经济高速增长的时期。财政支出中社会保障支出主要包括如下四个方面的内容：

（1）社会保险。社会保险是现代社会保障的核心内容，是一国居民的基本保障，即保障劳动者在失去劳动能力、失去工资收入之

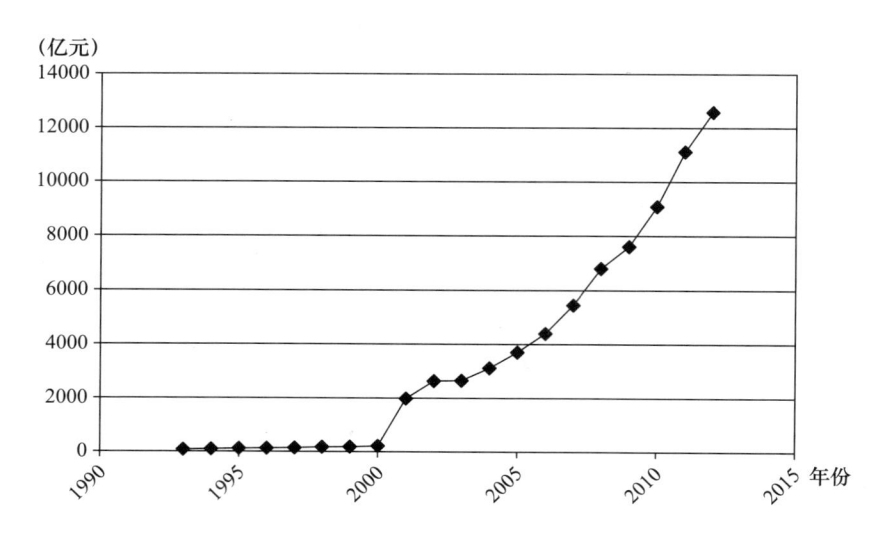

图 4-5　1993—2012 年财政支出中社会保障支出变动趋势

后仍然能够享有基本的生活保障。社会保险的项目在不同国家有所不同，在我国，社会保险的主要项目有老年保险、失业保险（待业保险）、医疗保险、疾病保险、生育保险、工伤保险、伤残保险；实施社会保险的主要目的：一是为了防止个人在现在与将来的安排上因选择不当而造成贫困，如退休养老问题；二是防范某些不可预见的风险，如事故、疾病等；三是减少由于市场经济的不确定性而产生的风险和困难，如失业等。

（2）社会救助。社会救济是对贫困者和遭受不可抗拒的"自然"风险（如自然灾害、丧失劳动能力而又无人抚养、战争等）的不幸者所提供的无偿的物质援助，主要包括贫困救济、灾害救济和特殊救济等。社会救济一般以保障救助对象的最低生活为标准。

（3）社会福利。社会福利是指国家和社会通过各种福利事业、福利设施、福利服务为社会成员提供基本生活保障，并使其基本生活状况不断得到改善的社会政策和制度的总称。它是社会保障的高级阶段。

（4）社会优抚。社会优抚是指国家按规定对法定的优抚对象，如现役军人及其家属、退休和退伍军人、烈属等,为保证其一定的生活水平而提供的资助和服务。从财政中社会保险的构成项目来看,由于近几十年经济增长的迅速提高,居民收入水平也水涨船高,这也要求社会救助、社会优抚的支付水平必须随之同步增长,否则会造成新的不公平,这也是我国财政支出中的社会保障支出迅速提高的原因。但是,必须指出的是,我国财政支出中的社会保障支出主要倾向于城市,因此,财政支出中的社会保障支出越大越会拉大城乡社会保障水平的差距。

第二节 社会保障支出城乡差异变动趋势研究

城乡居民收入差距也是影响社会稳定的重要因素,这种差异包括城乡居民收入差距和城乡社会保障收入差距,一方面是城乡居民在收入上的差异,另一方面政府的转移支付也就是社会保障在城乡之间同样存在较大的差距。

一 城乡居民收入及转移性收入情况

城乡居民收入及转移性收入情况如表4-2所示。表4-2中有农村居民人均纯收入和农村居民家庭人均转移性收入,相应的是城镇居民家庭人均可支配收入以及城镇居民人均家庭收入中转移性收入,其中,转移性收入主要来自政府的社会保障转移支付,我们把转移性收入看作是城乡居民的社会保障收入。由表4-2可以看出,1990年,农村居民人均纯收入是686.3元,城镇居民家庭人均可支配收入是1510.2元,城乡差距较大;农村居民社会保障占比为5.22%,同时城镇居民社会保障占比却达到了21.75%,社会保障的城乡差距进一步拉开了城乡差距。

表4-2　　　　　历年城乡居民收入及转移性收入情况

年份	农村居民人均纯收入（元）	农村居民家庭人均转移性收入（元）	农村居民社会保障占比（%）	城镇居民家庭人均可支配收入（元）	城镇居民人均家庭收入中转移性收入（元）	城镇居民社会保障占比（%）
1990	686.3	35.8	5.22	1510.2	328.41	21.75
1991	708.6	39.5	5.57	1700.6	274.4	16.14
1992	784.0	45.3	5.78	2026.6	237.44	11.72
1993	921.6	48.71	5.29	2577.4	325.75	12.64
1994	1221.0	55.2	4.52	3496.2	474.34	13.57
1995	1577.7	65.77	4.17	4283.0	734.83	17.16
1996	1926.1	79.6	4.13	4838.9	660.42	13.65
1997	2090.1	92.4	4.42	5160.3	756.86	14.67
1998	2162.0	104.72	4.84	5425.1	1083.04	19.96
1999	2210.3	114.1	5.16	5854.0	1257.17	21.48
2000	2253.4	147.59	6.55	6280.0	1440.78	22.94
2001	2366.4	162.82	6.88	6859.6	1630.4	23.77
2002	2475.6	158.4	6.4	7702.8	2003.2	26.01
2003	2622.2	143.33	5.47	8472.2	2112.2	24.93
2004	2936.4	160.03	5.45	9421.6	2320.73	24.63
2005	3254.9	203.81	6.26	10493.0	2650.7	25.26
2006	3587.0	239.82	6.69	11759.5	2898.7	24.65
2007	4140.4	290	7	13785.8	3384.6	24.55
2008	4760.6	396.8	8.34	15780.8	3928.23	24.89
2009	5153.2	483.12	9.38	17174.7	4515.5	26.29
2010	5919.0	548.74	9.27	19109.4	5091.9	26.65
2011	6977.3	701.35	10.05	21809.8	5708.58	26.17
2012	7916.6	833.18	10.52	24564.7	6368.12	25.92

从表4-2中可以看出，农村居民收入从1990年的686.3元增加到2012年的7916.6元，增加了10倍以上；同时，城镇居民可支配收入从1990年的1510.2元增加到2012年的24564.7元，增加了15倍以上，城乡居民收入都在增加，但是，城镇居民收入增加快于农村居民收入，城乡居民收入差距在进一步拉大，从1990年的2.2

倍增加到 2012 年的 3.1 倍，城乡收入差距没有缩小反而进一步拉大了。城乡收入差距过于拉大，会造成社会的不稳定，人们之间的心理落差会造成心理上的不安，甚至怨愤，造成社会冲突增加以及社会紧张。

从图 4-6 可以看出，从 1990—2012 年城乡收入的变动趋势看，城乡居民收入都有了快速增长，但是城镇居民收入的增长明显快于农村，这一趋势从 2002 年起有所加剧，说明城乡收入差距进一步拉大。1990—2002 年间，城乡居民收入的增幅大抵相当，但是，从 2002 年之后，城镇居民收入的增幅明显快于农村，这一趋势还在进一步加大。

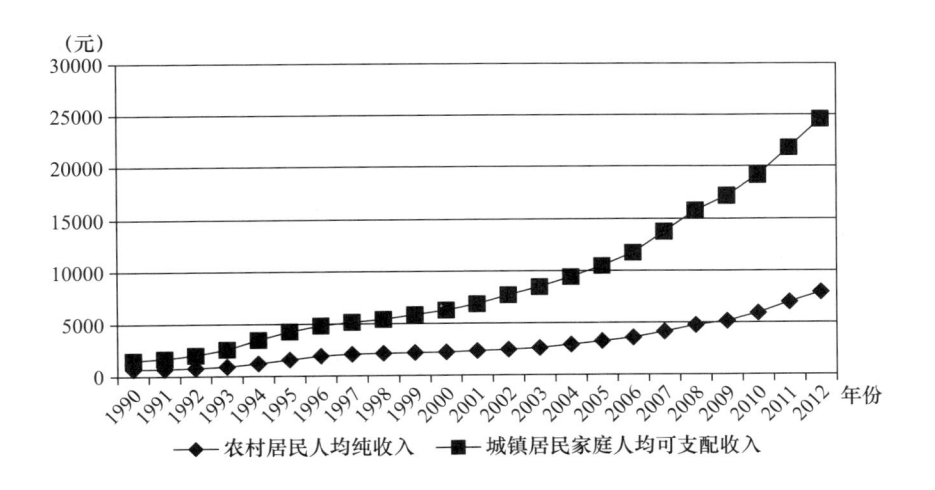

图 4-6　1990—2012 年城乡居民收入趋势

从图 4-7 中可以看出，从我国 1990—2012 年这 23 年城乡居民收入中社会保障占的整体趋势来看，农村居民社保收入占比从 5% 上升到 10%，增加了 1 倍；同时，城镇居民社保占比也从最低的 1992 年的 12% 上升到 2012 年的 26%，也增加了 1 倍，但是，同时城乡居民收入中社会保障占比绝对额差距更大了。也就是说，社会保障转移支付并没有消除城乡差距，反而使城乡差距进一步拉大了。

（%）

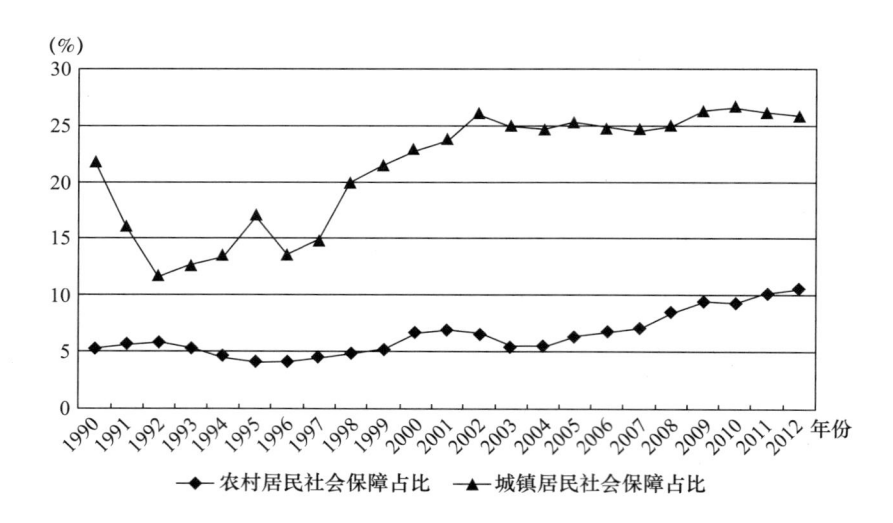

图4-7 1990—2012年城乡居民收入中社会保障占比趋势

由表4-3可以看出,我国城乡收入差距从1990年的2.2倍增加到2012年的3.1倍,城乡收入差距进一步扩大了;同时,城乡人均社会保障相对数比在缩小,但是,变动幅度较大,说明社会保障转移支付在一定程度上缓解了城乡差距的进一步恶化。虽然城乡人均社会保障相对数比在缩小,但是,城乡人均社会保障绝对数比在扩大,这是因为,城乡收入的基数不是在缩小而是在进一步扩大。

表4-3　　1990—2012年历年城乡居民社会保障差异情况　　单位:%

年份	城乡人均收入比	城乡人均社会保障相对数比	城乡人均社会保障绝对数比
1990	2.2	4.17	9.17
1991	2.4	2.9	6.95
1992	2.58	2.03	5.24
1993	2.8	2.39	6.69
1994	2.86	3	8.59
1995	2.71	4.12	11.17
1996	2.51	3.31	8.3

续表

年份	城乡人均收入比	城乡人均社会保障相对数比	城乡人均社会保障绝对数比
1997	2.47	3.32	8.19
1998	2.51	4.12	10.34
1999	2.65	4.16	11.02
2000	2.79	3.5	9.76
2001	2.9	3.45	10.01
2002	3.11	4.06	12.65
2003	3.23	4.56	14.74
2004	3.21	4.52	14.5
2005	3.22	4.04	13.01
2006	3.28	3.68	12.09
2007	3.33	3.51	11.67
2008	3.31	2.98	9.9
2009	3.33	2.8	9.35
2010	3.23	2.87	9.28
2011	3.13	2.6	8.14
2012	3.1	2.46	7.64

在本书中，我们使用城乡人均社会保障相对数之比表示城乡社会保障差异，而不使用城乡人均社会保障绝对数之比，是考虑到城乡生活习惯（农村居民可以自己种菜食用，城镇居民一般必须购买）、物价水平等因素，用社会保障的相对数之比可以部分剔除物价、生活习惯的影响。

从图 4-8 中可以看出，城乡人均收入比和城乡人均社会保障相对数比大抵相当，基本保持同一水平，但是，绝对数之比却差异很大，特别是 2005 年左右，差距达到最大，最大差距达到 15 倍。这可以看出，我国社会保障支出长年侧重于城镇，受我国的经济传统影响比较大，新中国成立以后，我国学习苏联模式，用牺牲农村的办法来换取城镇重工业的发展，这一做法成为习惯，牺牲农村保持城镇的发展是多年的政策惯性，短时间内要彻底改观也不现实，但是，我们要有意识地向农村稍加倾斜，缩小城镇在社会保障方面的差距。

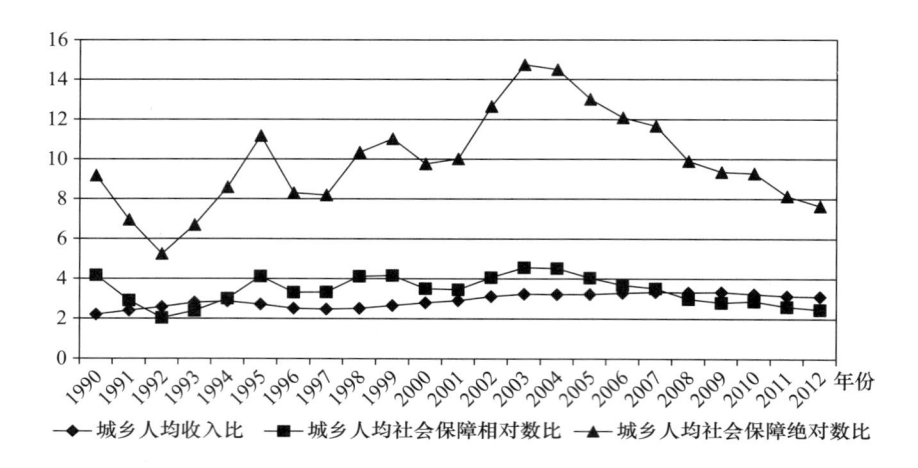

图 4-8　1990—2012 年城乡居民收入中社会保障占比趋势

二　分地区社会保障支出情况

上一节研究了从 1990—2012 年的社会保障支出、城乡收入差异和城乡社会保障差异，这是时间序列的情况。为了进一步分析研究，我们收集了 2010—2012 年各地区的人均社会保障支出、城乡收入差异和城乡社会保障差异，为进一步进行面板模型的分析做准备。

2010—2012 年我国各地区社会稳定指数和社会保障支出情况如表 4-4 所示。

表 4-4　2010—2012 年我国各地区社会稳定指数和社会保障支出情况

地区	社会稳定指数			人均社会保障支出		
	2010 年	2011 年	2012 年	2010 年	2011 年	2012 年
北京	0.983087	0.536078	0.049386	0.146807	0.212726	0.25244
天津	1.396893	1.464477	0.407858	0.386493	0.668291	0.792882

续表

地区	社会稳定指数			人均社会保障支出		
	2010年	2011年	2012年	2010年	2011年	2012年
河北	1.822419	1.776453	1.748188	0.315231	0.466893	0.516484
山西	1.827169	1.814548	1.726006	0.111945	0.161667	0.193868
内蒙古	1.842682	1.785311	1.604062	0.15136	0.211004	0.244561
辽宁	1.447953	1.331522	1.271847	0.203519	0.29467	0.361072
吉林	1.709741	1.597576	1.260722	0.304733	0.412882	0.479132
黑龙江	1.708401	1.646348	1.60757	0.184091	0.249977	0.283777
上海	1.563121	1.391895	1.150002	0.210269	0.299022	0.355608
江苏	1.622555	1.63301	1.567569	0.515464	0.781044	0.86447
浙江	1.601236	1.576605	1.513018	0.141512	0.235188	0.288279
安徽	1.743919	1.671739	1.645504	0.116321	0.214977	0.288194
福建	1.762729	1.481094	1.416677	0.101096	0.139809	0.171425
江西	1.635818	1.577972	1.518549	0.090307	0.14436	0.16691
山东	1.38421	1.536668	1.448434	0.094909	0.128697	0.158117
河南	1.682182	1.607485	1.461683	0.120888	0.179038	0.213534
湖北	1.845343	1.803481	1.758706	0.093724	0.129054	0.152978
湖南	1.800721	1.827402	1.798489	0.136903	0.194805	0.23226
广东	1.48284	1.396138	1.29945	0.113935	0.159527	0.183177
广西	1.769288	1.746044	1.694744	0.104458	0.173037	0.199947
海南	1.586044	1.330463	−1.45437	0.088379	0.125175	0.14629
重庆	1.411501	1.379329	1.125161	0.168549	0.249761	0.291714
四川	1.836167	1.745557	1.673438	0.174916	0.263912	0.338217
贵州	1.769826	1.697795	1.557582	0.139427	0.205353	0.239767
云南	1.926915	1.898647	1.866294	0.071342	0.109968	0.134727
西藏	1.934109	1.846009	1.665287	0.096941	0.143662	0.168354
陕西	1.861729	1.817798	1.70552	0.130285	0.253808	0.283896
甘肃	1.796848	1.78222	1.641689	0.155144	0.209172	0.247359
青海	1.835161	1.806252	1.592956	0.133499	0.191959	0.217742
宁夏	1.863501	1.72653	1.501801	0.409857	0.428164	0.483295
新疆	1.567824	1.581818	1.598966	0.131108	0.253108	0.327261

三 分地区人均收入和人均社会保障支出情况

前面列出了2010—2012年我国分地区社会稳定指数和社会保障支出情况，下面进行面板模型的分析。

由表4-5中的计算结果可以看出，2010—2012年，我国城乡人均社会保障的差异比较大，差异最大的是河南（5.8倍）、湖北（5.4倍）等省份；差异最小的是上海（1.17）、北京（1.88），还有特殊的内蒙古（1.33）、西藏（0.75）和新疆（1.47）这些边疆少数民族自治区，这说明我国社会保障的城乡差异并没有改善城乡收入的差异，甚至导致了城乡收入差距的进一步扩大。

表4-5 2010—2012年各地区城乡收入比和人均社会保障占比情况

地区	城乡人均收入比			城乡人均社会保障占比		
	2010年	2011年	2012年	2010年	2011年	2012年
北京	2.19	2.23	2.21	2.07	2.07	1.88
天津	2.41	2.18	2.11	7.4	5.14	4.13
河北	2.73	2.57	2.54	4.71	4.43	4.29
山西	3.3	3.24	3.21	3.88	2.73	2.55
内蒙古	3.2	3.07	3.04	1.83	1.75	1.33
辽宁	2.56	2.47	2.47	4.38	5	4.25
吉林	2.47	2.37	2.35	2.73	3.11	3.11
黑龙江	2.23	2.07	2.06	3	3.3	3.56
上海	2.28	2.26	2.26	1.3	1.24	1.17
江苏	2.52	2.44	2.43	4.57	3.22	3.11
浙江	2.42	2.37	2.37	4.17	4.33	3.86
安徽	2.99	2.99	2.94	4.83	4.14	3.63
福建	2.93	2.84	2.81	3.29	3.5	3.5
江西	2.67	2.54	2.54	4.67	5.4	4.5

续表

地区	城乡人均收入比			城乡人均社会保障占比		
	2010 年	2011 年	2012 年	2010 年	2011 年	2012 年
山东	2.85	2.73	2.73	3.8	3.8	3.17
河南	2.88	2.76	2.72	5.8	4.5	4.33
湖北	2.75	2.66	2.65	5.4	5.8	4.83
湖南	2.95	2.87	2.87	3.86	3.86	3.38
广东	3.03	2.87	2.87	3	3	3
广西	3.76	3.6	3.54	4.5	3.57	3.25
海南	2.95	2.85	2.82	4	3	3
重庆	3.32	3.12	3.11	2.7	2.55	2.64
四川	3.04	2.92	2.9	3.38	3	2.45
贵州	4.07	3.98	3.93	2.9	3.33	2.9
云南	4.06	3.93	3.89	3.38	3.25	3.13
西藏	3.62	3.3	3.15	0.62	0.69	0.75
陕西	3.82	3.63	3.6	2.7	3.11	3.11
甘肃	3.85	3.83	3.81	2.8	2.7	2.45
青海	3.59	3.39	3.27	2.46	2.43	1.65
宁夏	3.28	3.25	3.21	3.5	3.86	3.25
新疆	2.94	2.85	2.8	3	2	1.47

从图 4-9 收入差距和社会保障差距散点图可知，趋势线是负向的，说明城乡收入比越大的地区，城乡社会保障的差距越小；反之，城乡收入比越小的地区，城乡社会保障的差距越大。我国中西部地区因为经济相对落后，其城乡收入差距大，但是，同时其城乡社会保障差距反而越小。这要求我们应该改善地区经济发展的均衡性，缩小地区之间的发展差距。

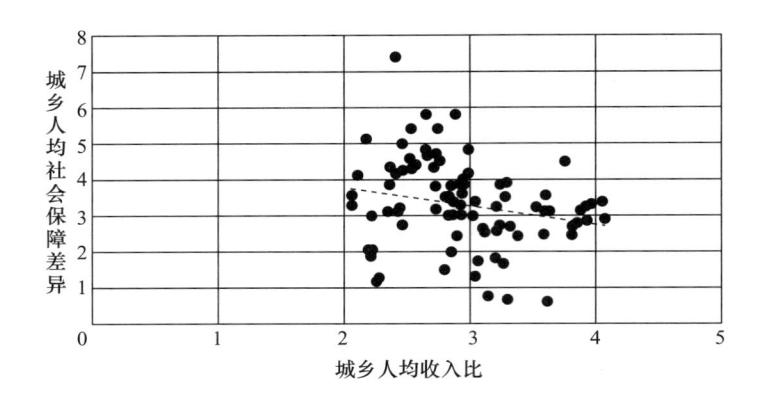

图 4-9 收入差距和社会保障差距散点图

第五章 我国社会保障支出对社会稳定影响的实证分析

在第三章我们已经计算出我国 1990—2012 年社会稳定综合评价得分（社会稳定综合指数），并且把它分解为社会公共安全因子和社会紧张因子；同时，计算出我国 2010—2012 年各地区的社会稳定综合评价得分（社会稳定综合指数）。第四章收集整理了我国 1990—2012 年社会保障支出及其分项各项数据，特别是计算出了我国城乡收入差距和城乡社会保障差距，同时，也计算出 2010—2012 年我国各地区的相应指标。在本章，我们将分别使用时间序列模型和面板模型，分析我国社会保障与社会稳定之间的数量关系。

第一节 社会保障支出影响社会稳定的时间序列计量模型

一 时间序列模型的构造

为了从全局角度研究我国社会保障支出和社会稳定之间的关系，首先应用时间序列计量模型进行研究，主要分析社会稳定和社会保障支出之间的数量关系，同时，必须考虑城乡收入差距对社会稳定的影响。模型中涉及的变量有：

（1）社会稳定（综合评价得分）综合指数（sst）及其两个组成因子社会公共安全因子（sstga）和社会紧张因子（sstjz）。

(2) 可比价格计算的社会保障支出（ss）：使用 GDP 平减指数，对名义社会保障支进行出修正，形成可比的实际社会保障支出。

(3) 城乡人均收入比（cxcj）：表示衡量城乡居民收入差距的变量，用人均城镇居民可支配收入除以人均农村居民纯收入的倍数计算。

(4) 城乡社会保障差距（sscxcj）：表示衡量城乡居民社会保障水平的变量，用人均城镇居民转移支付占比表示城镇居民社会保障水平，用人均农村居民转移支付占比表示农村居民社会保障水平，再用城镇居民社会保障水平除以农村居民社会保障水平之商表示。也就是说，城乡人均社会保障相对数之比。

1990—2012 年我国社会稳定综合指数、可比价格计算的社会保障支出和城乡人均收入比情况如表 5-1 所示。

表 5-1 1990—2012 年我国社会稳定综合指数、可比价格计算的社会保障支出和城乡人均收入比情况

年份	社会稳定综合指数	社会公共安全因子（因子1）	社会紧张因子（因子2）	可比价格计算的社会保障支出	城乡人均收入比	城乡人均相对数社会保障之比
1990	2.726313	1.155024	0.734803	95.62847	2.2	4.17
1991	2.7629948	1.106374	0.841127	108.7668	2.4	2.9
1992	2.8681839	1.097015	0.956762	165.2877	2.58	2.03
1993	2.5905782	0.995107	0.916404	204.1267	2.8	2.39
1994	2.4017758	0.934071	0.841701	228.6549	2.86	3
1995	2.2811314	0.876715	0.830192	250.0781	2.71	4.12
1996	2.1381432	0.815232	0.796157	281.5608	2.51	3.31
1997	1.6513867	0.739016	0.172857	335.2206	2.47	3.32
1998	1.5104228	0.711976	0.023086	412.4453	2.51	4.12
1999	1.2461521	0.660288	-0.34214	529.3799	2.65	4.16
2000	0.6750111	0.457998	-0.939988	598.7627	2.79	3.5
2001	-0.1645312	0.194789	-1.585234	1083.616	2.9	3.45

续表

年份	社会稳定综合指数	社会公共安全因子（因子1）	社会紧张因子（因子2）	可比价格计算的社会保障支出	城乡人均收入比	城乡人均相对数社会保障之比
2002	-0.6393143	0.132454	-2.111898	1408.932	3.11	4.06
2003	-0.9251678	-0.006695	-1.772223	1520.928	3.23	4.56
2004	-1.2992146	-0.295597	-1.2753	1698.872	3.21	4.52
2005	-1.4963202	-0.457763	-0.941016	1961.134	3.22	4.04
2006	-1.4571298	-0.501844	-0.628774	2308.176	3.28	3.68
2007	-1.5748311	-0.733015	-0.045847	2701.592	3.33	3.51
2008	-2.4347663	-1.064836	0.296711	3200.572	3.31	2.98
2009	-3.0231356	-1.441936	0.476411	3836.085	3.33	2.8
2010	-3.0253009	-1.615705	0.816327	4458.105	3.23	2.87
2011	-3.1468561	-1.746207	0.953463	5161.77	3.13	2.6
2012	-3.6655254	-2.01246	0.986418	5997.433	3.1	2.46

根据第二章中关于社会保障与社会稳定之间关系的分析，构造计量模型如下：

$$sst = c + \alpha ss + \beta cxcj + \gamma sscxcj + \mu \quad (5.1)$$

$$sstga = c + \alpha ss + \beta cxcj + \gamma sscxcj + \mu \quad (5.2)$$

$$sstjz = c + \alpha ss + \beta cxcj + \gamma sscxcj + \mu \quad (5.3)$$

在计量模型（5.1）、计量模型（5.2）、计量模型（5.3）中，我们预期该计量模型的拟合结果应该是 α 为正，表示增加社会保障支出可以增加社会稳定；β 为负，表示城乡收入差距的拉大会恶化社会稳定；γ 为负，表示城乡社会保障差距的拉大同样会恶化社会稳定。

二 社会保障支出与社会稳定变动趋势研究

把因子1定义为社会公共安全因子；同时因子2主要与人民调解、劳动争议有关，定义为社会紧张因子。

三 社会保障支出与社会稳定计量模型拟合过程

（一）变量的单位根检验

在模型回归研究中，由于非平稳序列可能会产生虚假回归现象，所以，首先对时间序列进行平稳性检验，这里采用 ADF 单位根法来检验时间序列数据的平稳水平。分别对变量社会稳定综合指数（sst）及其两个组成因子社会公共安全因子（sstga）和社会紧张因子（sstjz）、社会保障支出（ss）、城乡人均收入比（cxcj）以及城乡社会保障差距（sscxcj）进行单位根检验，使用 ADF 检验法，得出表 5-2 的结果，由结果分析可知，sst、sstga、sscxcj、ss 均是单整序列，sstjz 和 cxcj 是二阶平稳。

表 5-2　　　　各变量 ADF 检验结果

变量	ADF 检验值	检验类 (c, t, k)	5%临界值	10%临界值	结论
sst	-3.254972	(c, t, 2)	-3.644963	-3.261452	非平稳
sst 一阶差分	-4.592689	(c, t, 2)	-3.658446	-3.268973	平稳
sstga	-0.077086	(c, t, 2)	-3.658446	-3.268973	非平稳
sstga 一阶差分	-6.403116	(c, t, 2)	-3.658446	-3.268973	平稳
sstjz	-1.747600	(c, t, 2)	-3.644963	-3.261452	非平稳
sstjz 一阶差分	-2.156204	(c, t, 2)	-3.644963	-3.261452	非平稳
sstjz 二阶差分	-4.525752	(c, t, 2)	-3.658446	-3.268973	平稳
ss	3.340747	(c, t, 2)	-3.632896	-3.254671	非平稳
ss 一阶差分	-2.308172	(c, t, 2)	-3.644963	-3.261452	非平稳
ss 一阶差分	-4.774700	(c, t, 2)	-3.673616	-3.277364	平稳
cxcj	-3.607657	(c, t, 2)	-3.644963	-3.261452	非平稳
cxcj 一阶差分	-3.091570	(c, t, 2)	-3.673616	-3.268973	非平稳
cxcj 二阶差分	-3.489545	(c, t, 2)	-3.673616	-3.268973	平稳
sscxcj	-1.858077	(c, t, 2)	-3.632896	-3.254671	非平稳
sscxcj 一阶差分	-5.753810	(c, t, 2)	-3.658446	-3.268973	平稳

第五章 我国社会保障支出对社会稳定影响的实证分析

（二）社会保障支出与社会稳定指数的回归检验

由于各个指标序列都是 I（1）或者 I（2）的情况，因此，考虑采用最小平方法来进行模型估计。因此，我们分别建立了 sst、sst-ga、sstjz、ss、cxcj、sscxcj 的回归方程，并估计出了相应的参数。

1. 社会保障支出与社会稳定指数模型估计

首先，研究社会保障对社会稳定指数的影响，估计模型（5.1），估计结果如表 5-3 所示。

表 5-3　社会保障支出影响社会稳定综合指数模型估计结果

因变量：sst

估计方法：最小二乘法

样本期间：1990—2012 年

观测样本容量：23

变量	系数	标准误差	t 统计量	概率
C	9.548455	0.999245	9.555668	0.0000
ss	-0.000951	8.14E-05	-11.68805	0.0000
cxcj	-2.095833	0.389491	-5.380956	0.0000
sscxcj	-0.545151	0.140549	-3.878734	0.0010
可决系数	0.969173	因变量均值		-4.35E-11
调整的可决系数	0.964305	因变量标准差		2.235518
回归标准差	0.422358	赤池信息量（AIC）		1.270846
残差平方和	3.389346	施瓦茨信息量（SC）		1.468323
对数似然值	-10.61473	汉南—奎因准则		1.320511
F 统计量	199.1116	DW 统计量		1.078034
相伴概率	0.000000			

模拟结果表达式如下：

$$sst = 9.54845507587 - 0.000951185209576 \times ss - 2.09583283312 \times cxcj - 0.54515120348 \times sscxcj$$

由表 5-3 估计结果可以看出，社会稳定综合指数与社会保障支出、城乡人均收入比以及社会保障城乡差距均呈负向变化，说明社会保障支出、城乡人均收入差距以及社会保障城乡差距都使社会稳定指数降低。与我们的预期相违背的只有社会保障支出，我们的预期是社会保障支出应该为正，但是却出现了负的结果（绝对值很小），这从一个侧面反映出我国社会保障支出已经接近了饱和值，经过近几十年的高速增长，社会保障支出已经一定程度上达到了较高水平，超出了适度社会保障水平。社会保障必须进行结构调整，在城乡之间向农村倾斜，在城镇内部由国有经济向民营经济倾斜。

2. 社会保障支出与社会稳定指数模型结果残差分析

由图 5-1 可以看出，模型的拟合结果还是比较好的，可以接受，残差波动趋于减小。

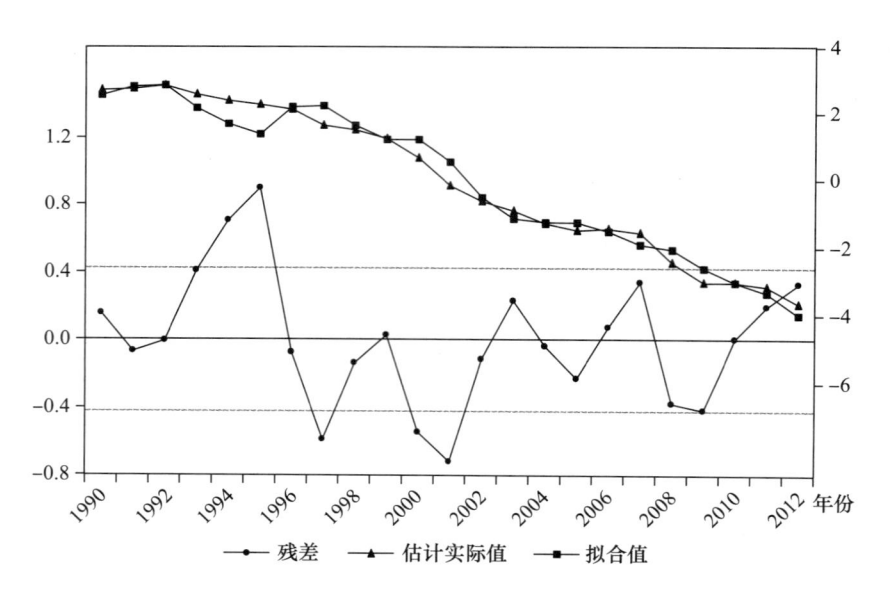

图 5-1　估计实际值、拟合值和残差

3. 社会保障支出与社会稳定指数模型脉冲影响分析

脉冲响应函数是用来衡量来自某个内生变量的随机扰动项的一

个标准差冲击（称为脉冲响应），对 VAR 模型当中所有内生变量当前值和未来值的影响。为了具体分析各变量对社会稳定影响路径，首先，对各变量建立向量自回归模型；然后，在此基础上做脉冲效应分析，并依据输出的脉冲效应影像图，做出相应的分析。

图 5-2 至图 5-5 中的 sst 代表的是社会稳定指数，ss 代表的是社会保障支出，cxcj 代表的是城乡居民收入差距以及 sscxcj 代表的是城乡社会保障差距。图 5-2 表示社会保障支出对社会稳定指数的影响路径。

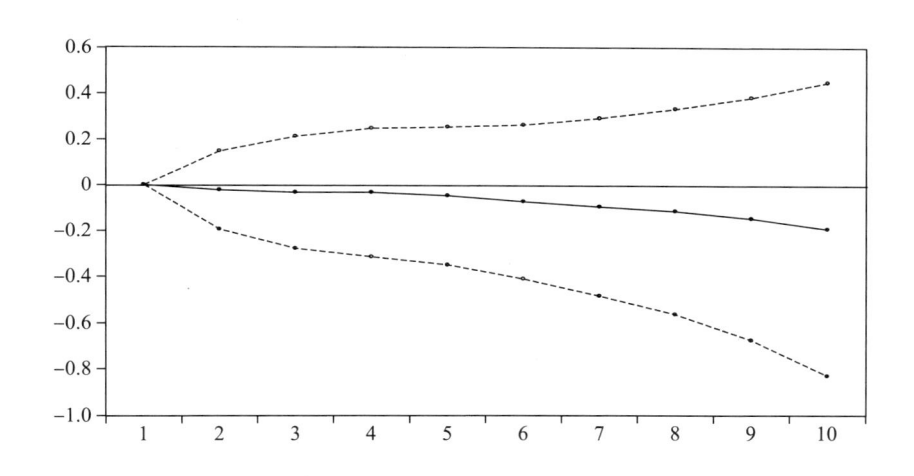

图 5-2 社会保障支出对社会稳定指数的影响路径

从图 5-2 中可以看出，从一开始社会保障支出对社会稳定综合指数一直产生负向的影响，在第 1 年当社会保障支出提升 1 个标准差之后，社会稳定综合指数却因此而降低了 0.000951 个标准差，之后保持一个相对平稳的时期，直到第 7 年之后，负向作用加速扩大。这在中国的现实环境下也是可以解释的。在社会保障支出增加刚开始的时候，由于社会保障支出的增加源自社会保险费的增加，增加社会保障各项费用的征收，在起初会降低城乡居民的可支配收入，短时间内，社会保障支出的增加是以增加社会保障征收为代价的，缴费大于支出，城乡居民的幸福感会降低，增加民众的不满情绪，社会紧张关系也会加剧，所以社会稳定性也会降低。

从图 5-3 中可以看到，在起初几年城乡收入差距对社会稳定综合指数产生了负向的影响，在第 1 年当城乡收入差距提升 1 个标准差之后，社会稳定综合指数却因此而降低了 2.095833 个标准差，这也是城乡收入差距的负向作用的最大值。但是，在第 5 年开始为正（0.000227），之后在 0.5 左右趋于上升。也就是说，城乡收入差距对社会稳定综合指数产生的影响在经历了 5 年的负向影响之后，开始对社会稳定综合指数的发展产生了正向影响。这也符合现实情况，在经济发展初期，特别是改革开放初期，我国是从接近绝对公平的计划经济开始起步的，改革开放使人们的收入都有所提高，使一部分人先富起来的政策，人们都有了通过劳动、经商、创业等活动提高自己的收入水平的积极性，起初收入分配开始出现了差距，我国基尼系数开始增加。最初的十年，这种收入差距在一定程度上提高了人们的紧张度，这种紧张度一方面使社会稳定性降低，另一

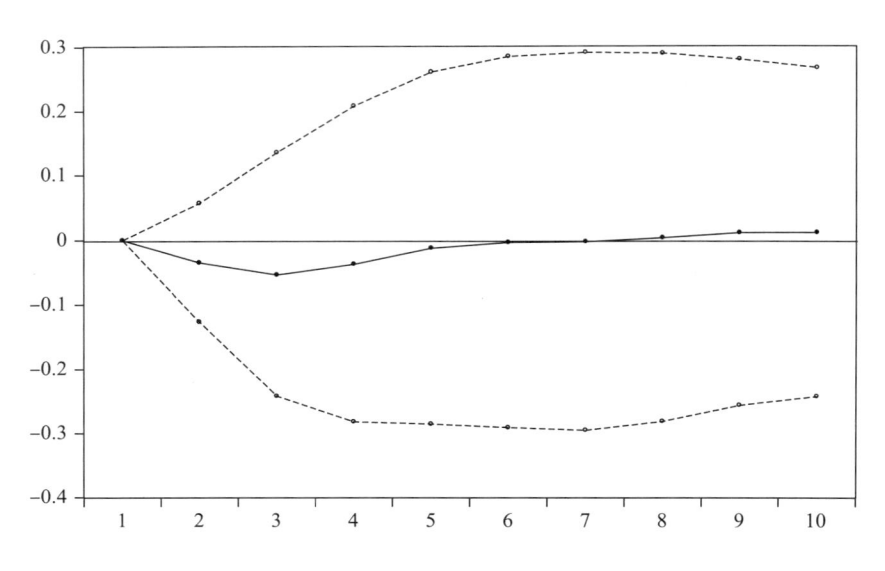

图 5-3 城乡收入差距对社会稳定指数的响应路径

方面也促使人们努力工作，在工作中看到了希望，看到了机会。但是，随着时间的推移，人们之间的收入水平差距越来越大，这种竞争促使经济快速发展，伴随着我国经济前几十年的迅速发展，人民生活水平都有较大程度的提高，这种幸福感、获得感也使社会稳定性有所提高。

从图5-4中可以看出，城乡社会保障差距对社会稳定指数施加的扰动，在当期立即做出的反应。在第3年这种扰动影响达到负向作用的最大值，并开始下降。在第5年扰动的影响又减弱。从第1年到第5年城乡社会保障差距对社会稳定指数的干扰为负向影响，而且影响比较强劲，并到第5年开始重新变大，之后，该种影响趋向快速降低，直到第10年一直是负向影响。这说明城乡社会保障差距对社会稳定指数的负向影响，但是，从长期来看，城乡社会保障差距始终对社会稳定社会紧张因子是负向影响。这也符合现实情况，我国是从接近城乡二元结构的计划经济开始起步的，改革开放初期，城乡社会保障差距很大，农民几乎没有多少转移支付（社会

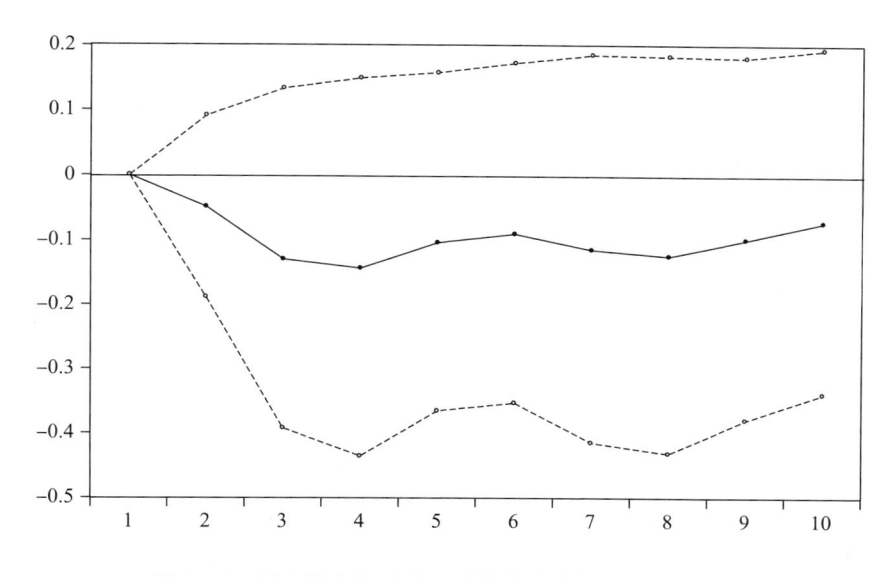

图5-4 城乡社会保障差距对社会稳定指数的响应路径

保障），经过 30 多年的发展，人们的收入都有所提高，使一部分人先富起来的政策，人们都有了通过劳动、经商、创业等活动提高自己的收入水平的积极性，但起初收入分配开始出现了差距，收入差距对社会稳定的影响也越来越负面。

由估计结果可以看出，社会稳定综合指数与社会保障支出、城乡人均收入比以及社会保障城乡差距均呈负向变化，说明社会保障支出、城乡人均收入差距以及社会保障城乡差距都使社会稳定指数降低。与我们的预期相违背的只有社会保障支出，我们的预期是社会保障支出应该为正，但是却出现了负的结果（但绝对值却很小），这从一个侧面反映出我国社会保障支出已经接近了饱和值，我国经济经过近几十年的高速增长，社会保障支出已经一定程度上达到了较高水平。在第三章中，我们将社会稳定综合指数分解为两个因子：社会公共安全因子和社会紧张因子，为了比较社会保障支出对这两个因子的不同影响，我们也拟合了其他两个因子的结果。

（三）社会保障支出与社会稳定的社会公共安全因子的回归检验

首先对社会保障支出与社会稳定的社会公共安全因子做回归分析，研究社会保障及其城乡差距是如何影响社会稳定的社会公共安全因子的，社会公共安全因子主要是指公安治安案件情况和刑事案件情况，直接反映社会安定情况。

1. 社会保障支出与社会稳定的社会公共安全因子模型估计

使用最小二乘法，对模型（5.2）回归结果如下：

模拟结果表达式如下：

$sstga = 2.61813568077 - 0.000502708539629 \times ss - 0.518891119213 \times cxcj - 0.0782443006307 \times sscxcj$

由表 5-4 可以看出：社会稳定的社会公共安全因子与社会保障支出、城乡人均收入比以及社会保障城乡差距均呈负向变化，说明社会保障支出、城乡人均收入差距以及社会保障城乡差距都使社会稳定指数降低。无论是城乡收入差距还是社会保障的城乡差距，都要缩小，才能提高社会稳定性。

第五章　我国社会保障支出对社会稳定影响的实证分析

表5-4　社会保障支出影响社会稳定的社会公共安全因子模型估计结果

因变量：sstga（社会稳定的社会公共安全因子）

估计方法：最小二乘法

样本期间：1990—2012年

观测样本容量：23

变量	系数	标准误差	t统计量	概率
C	2.618136	0.293378	8.924114	0.0000
ss	-0.000503	2.39E-05	-21.03963	0.0000
cxcj	-0.518891	0.114354	-4.537578	0.0002
sscxcj	-0.078244	0.041265	-1.896142	0.0733
可决系数 R^2	0.987197	因变量均值		4.35E-08
调整的可决系数 R^2	0.985176	因变量标准差		1.018483
回归标准差	0.124004	赤池信息量（AIC）		-1.180233
残差平方和	0.292163	施瓦茨信息量（SC）		-0.982756
对数似然值	17.57268	汉南—奎因准则		-1.130568
F统计量	488.3603	DW统计量		1.029899
相伴概率	0.000000			

2. 社会保障支出与社会稳定的社会公共安全因子模型残差分析

为了分析模型的拟合程度，我们进一步对模型进行了残差分析，结果如图5-5所示。

由图5-5可以看出，模型的拟合结果还是比较好的，可以接受，残差波动趋于减小。

3. 社会保障支出与社会稳定的社会公共安全因子模型脉冲影响分析

依据上一节脉冲效应的分析，对各变量建立向量自回归模型，然后，在此基础上做脉冲效应分析，依据输出的脉冲效应影像图，做出相应的分析。

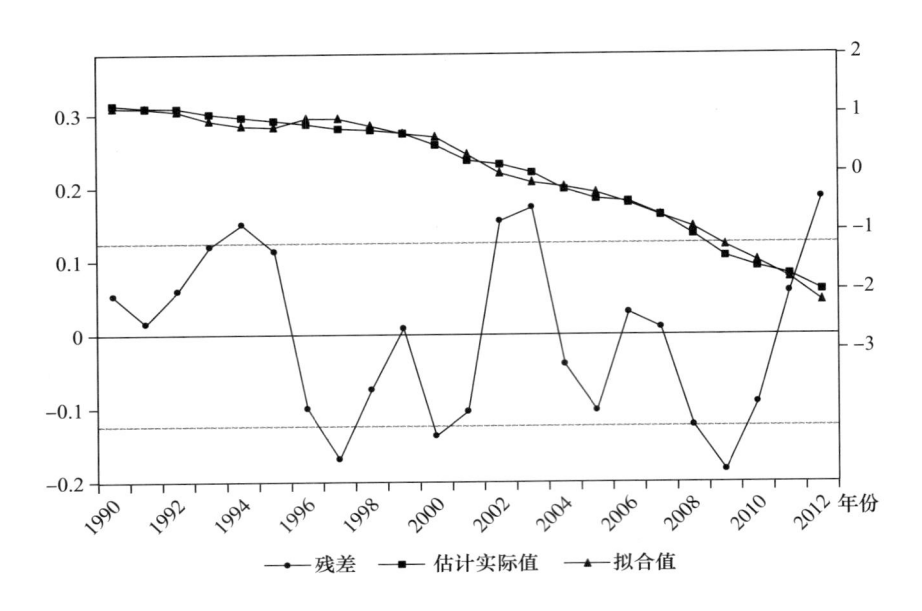

图 5-5 估计实际值、拟合值和残差

从图 5-6 中可以看到，从一开始社会保障支出对社会稳定的社会公共安全因子一直产生正向的影响，在第 1 年当社会保障支出提升 1 个标准差之后，社会稳定综合指数因此而提高了 0.000951 个标准差，之后保持一个短暂的平稳时期，直到第 2 年之后，负向作用加速扩大，随后保持一个长期的平稳时期。这在中国的现实环境下也是可以解释的。在社会保障支出增加刚开始的时候，社会保障支出的增加，可以增加居民收入水平，提高居民幸福感，社会公共安全状况得到改善，但是，之后由于社会保障支出的增加源自社会保险费的增加，增加社会保障各项费用的征收，在起初会降低城乡居民的可支配收入，短时间内，社会保障支出的增加是以增加社会保障征收为代价的，缴费大于支出，城乡居民的幸福感会降低，增加民众的不满情绪，社会紧张关系也会加剧，因而社会稳定性也会降低。

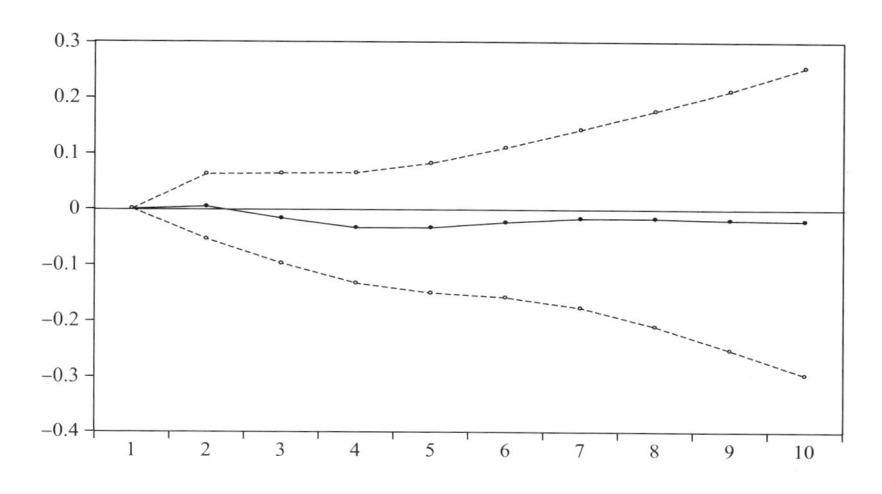

图 5-6　社会保障支出对社会稳定的社会公共安全因子的响应路径

从图 5-7 中可以看到，在起初几年，城乡收入差距对社会稳定的社会公共安全因子产生了负向影响，在第 1 年当城乡收入差距提升 1 个标准差之后，社会稳定的社会公共安全因子因此而降低了 2.095833 个标准差，这也是城乡收入差距的负向作用的最低值。但是，在第 5 年开始负向作用有所减弱，之后一直持续负向作用。也就是说，城乡收入差距对社会稳定综合指数产生的影响在经历了 5 年的负向影响之后，开始对社会稳定综合指数的发展产生正向影响。这也符合现实情况，在经济发展初期，特别是改革开放初期，我国是从接近绝对公平的计划经济开始起步的，改革开放使人们的收入都有所提高，使一部分人先富起来的政策，人们都有了通过劳动、经商、创业等活动提高自己的收入水平的积极性，起初收入分配开始出现了差距，我国的基尼系数开始增加，最初的十年这种收入差距一定程度上提高了人们的紧张度，这种紧张度一方面使社会稳定性降低，另一方面也促使人们努力工作，在工作中也看到了希望、看到了机会，但是，随着时间的推移，人们之间的收入水平差距越来越大，这种竞争促使经济快速发展，伴随着我国经济前几十年的迅速发展，人们的生活水平都有了较大程度的提高，这种幸福感、获得感使社会稳定性有所提高。

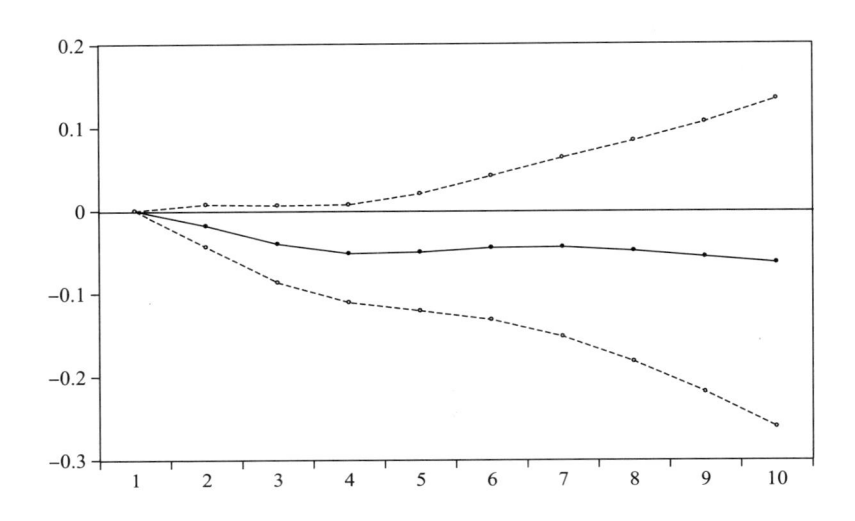

图 5-7　城乡收入差距对社会稳定的社会公共安全因子的响应路径

从图 5-8 中可以看出，城乡社会保障差距对社会稳定指数施加的扰动，在当期立即做出反应。在第 3 年这种扰动影响达到最小值，并开始下降。在第 1 年扰动的影响为 0。从第 1 年到第 5 年城乡社会保障差距对社会稳定指数的干扰为负向影响，而且影响比较强劲，到第 5 年开始重新变大，之后，该种影响趋向快速降低，直到第 10 年改变了作用方向。这说明了城乡社会保障差距对社会稳定指数的负向影响，但是，从长期来看，城乡社会保障差距始终给社会稳定的社会公共安全因子负向影响。这也符合现实情况，我国是从接近城乡二元结构的计划经济开始起步的，改革开放初期，城乡社会保障差距很大，农民几乎没有多少转移支付（社会保障），大家的收入都有所提高，使一部分人先富起来的政策，人们都通过劳动、经商、创业等活动提高自己的收入水平的积极性，起初收入分配开始出现了差距，收入差距对社会稳定的影响也越来越负面。

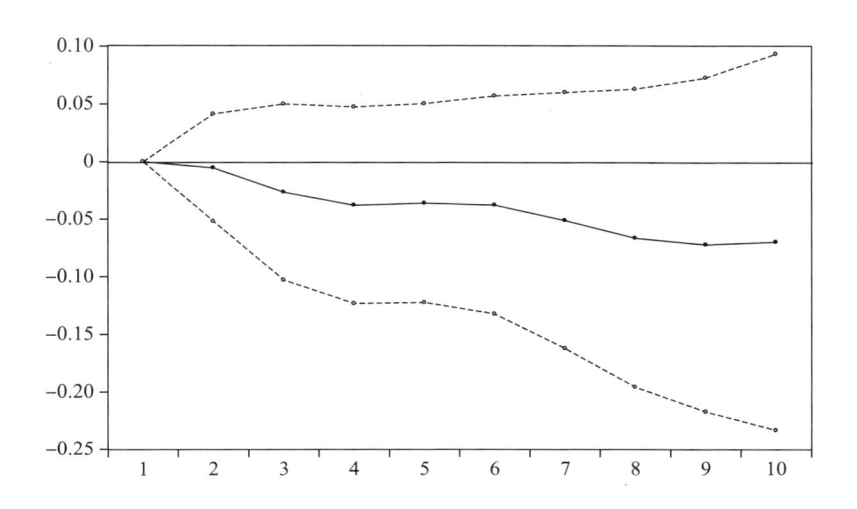

图 5-8　城乡社会保障差距对社会稳定的社会公共安全因子的响应路径

（四）社会保障支出与社会紧张因子得分的回归检验

1. 社会保障支出与社会稳定的社会紧张因子模型估计

使用最小二乘法，对模型（5.3）回归结果如下：

$sstjz = 7.49352499987 + 0.0002272078186 \times ss - 1.83207022205 \times cxcj - 0.74623894908 \times sscxcj$

由表 5-5 估计结果可以看出，社会稳定的社会紧张因子得分与社会保障支出呈正向变动关系。也就是说，社会保障支出提高会使社会紧张因子得分提高，促进社会稳定；同时社会紧张因子得分与城乡人均收入以及社会保障城乡差距均呈负向变化，说明城乡人均收入差距以及社会保障城乡差距都使社会稳定指数降低。社会紧张因子主要与人民调解、劳资关系相关，社会保障支出总额的增加会直接作用于人们之间的关系，会促进社会劳资关系缓和，因此，会促进社会稳定性的提高。这与社会公共安全因子有所不同，社会公共安全因子主要与社会治安综合治理和刑事案件有关，这种关系主要与收入差距相关，因为社会收入差距过大会导致人们心理上的落差，容易导致社会冲突，进而从社会治安等方面影响社会稳定性。

表5-5 社会保障支出影响社会稳定的社会紧张因子数模型估计结果

因变量：sstjz

估计方法：最小二乘法

样本期间：1990—2012年

观测样本容量：23

变量	系数	标准误差	t统计量	概率
C	7.493525	1.542324	4.858595	0.0001
ss	0.000227	0.000126	1.808826	0.0863
cxcj	-1.832070	0.601175	-3.047484	0.0066
sscxcj	-0.746239	0.216935	-3.439913	0.0027
可决系数 R^2	0.632168	因变量均值		-4.35E-08
调整的可决系数 R^2	0.574089	因变量标准差		0.998907
回归标准差	0.651905	赤池信息量（AIC）		2.138936
残差平方和	8.074632	施瓦茨信息量（SC）		2.336414
对数似然值	-20.59777	汉南—奎因准则		2.188601
F统计量	10.88466	DW统计量		0.695284
相伴概率	0.000221	0.0000739112		0.597531875、0.3256795

2. 社会保障支出与社会稳定的社会紧张因子模型残差分析

由图5-9估计实际值、拟合值和残差可以看出，模型的拟合结

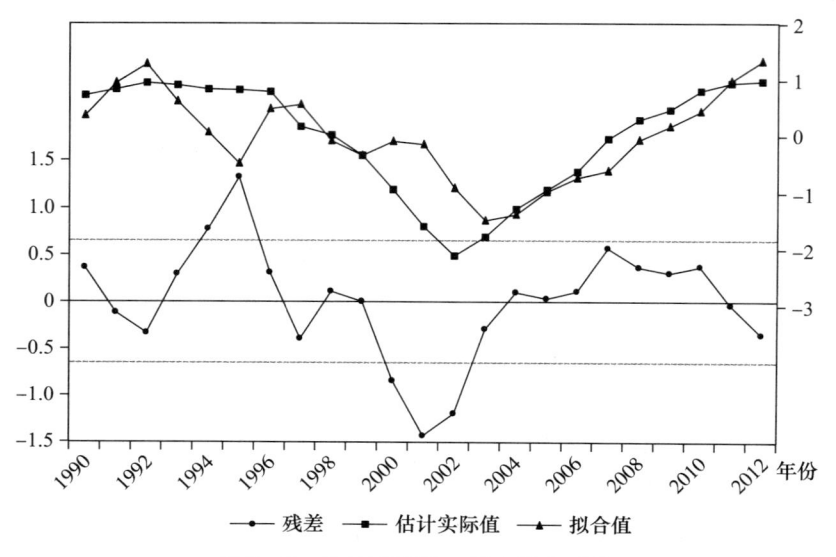

图5-9 估计实际值、拟合值和残差

果还是比较好的,可以接受,残差波动趋于减小。

3. 社会保障支出与社会稳定的社会紧张因子模型脉冲影响分析

为了分析模型的拟合程度,我们进一步对模型进行了残差分析,结果如图5-10所示。

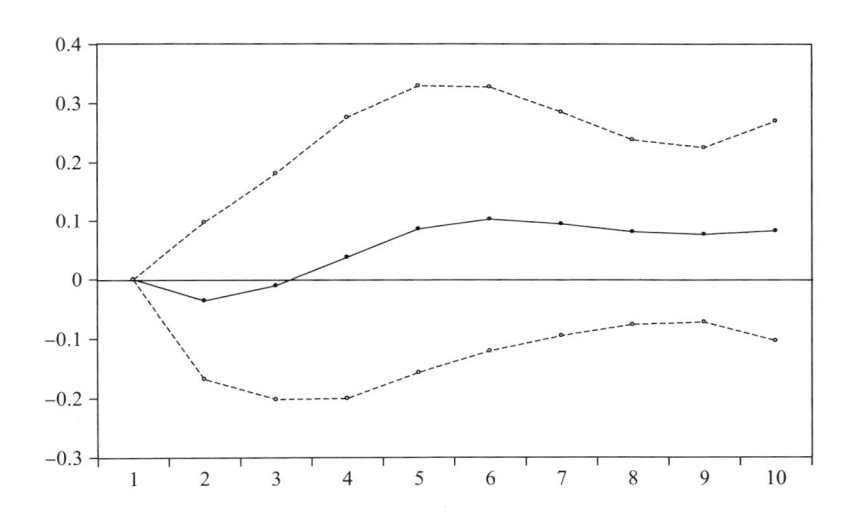

图5-10 社会保障支出对社会稳定的社会紧张因子的响应路径

图5-10至图5-12是社会稳定的社会紧张因子、社会保障支出、城乡人均收入差距以及社会保障城乡差距之间的脉冲响应图。图5-10表示社会保障支出对社会稳定的社会紧张因子的响应路径,从图5-10中可以看到,在起初几年社会保障支出对社会稳定的社会紧张因子产生了负向的影响,在第1年当社会保障支出提升1个标准差之后,社会稳定的社会紧张因子因此而降低了0.0266个标准差,这也是社会保障支出的负向作用的最大值。但是,在第2年开始为正,之后趋于上升。也就是说,社会保障支出对社会稳定的社会紧张因子产生了的影响在经历了两年的负向影响之后,开始对社会稳定的社会紧张因子的发展产生正向影响。这在中国的现实环境下也是可以解释的。在社会保障支出增加刚开始的时候,由于社会

保障支出的增加源自社会保险费的增加，增加社会保障各项费用的征收，在起初会降低城乡居民的可支配收入，短时间内，社会保障支出的增加是以增加社会保障征收为代价的，缴费大于支出，城乡居民的幸福感会降低，增加民众的不满情绪，社会紧张关系也会加剧，社会稳定也会降低。而随着缴费稳定，社会保障支出增加，城乡居民得到的各项政府转移支付不断增加，会提高居民的可支配收入进而提高居民的幸福程度，提高社会稳定水平。

从图5-11中可以看出，城乡居民收入差距对社会稳定的社会紧张因子施加的扰动，在当期并没有立即做出反应。在第6年这种扰动影响达到最大值，并开始下降。在第1期扰动的影响为0。从第1期到第6期城乡居民收入差距对社会稳定的社会紧张因子的干扰为正向影响，而且影响比较强劲，并到第6期开始重新降低，之后，该种影响趋向快速降低，直到第8年变为0。这说明了城乡居民收入差距对社会稳定的社会紧张因子正向的影响，但是，从长期来看，城乡居民收入不一定就始终对社会稳定的社会紧张因子产生正向影响，也有可能是负面的。这也符合现实情况，在经济发展初期，特别是改革开放初期，我国是从接近绝对公平的计划经济开始起步的，改革开放使大家的收入都有所提高，使一部分人先富起来的政策，人民都有了通过劳动、经商、创业等活动提高自己的收入水平的积极性，起初收入分配开始出现了差距，我国的基尼系数开始增加，最初的十年这种收入差距一定程度上提高了人们的幸福度，满足了人们追求财富的愿望，即便是没有得到很大改善的人群，也看到了希望、看到了机会，但是，随着时间的推移，人们之间的收入水平差距越来越大，在竞争中失败的人群越来越看不到希望，而且随着经济社会的发展，发家致富的机会越来越少，社会的阶层结构也越来越固化，人们的失落情绪也越来越强烈，收入差距的扩大使社会关系越来越紧张。随之而来的就是社会稳定性下降，收入差距对社会稳定的影响也越来越负面。

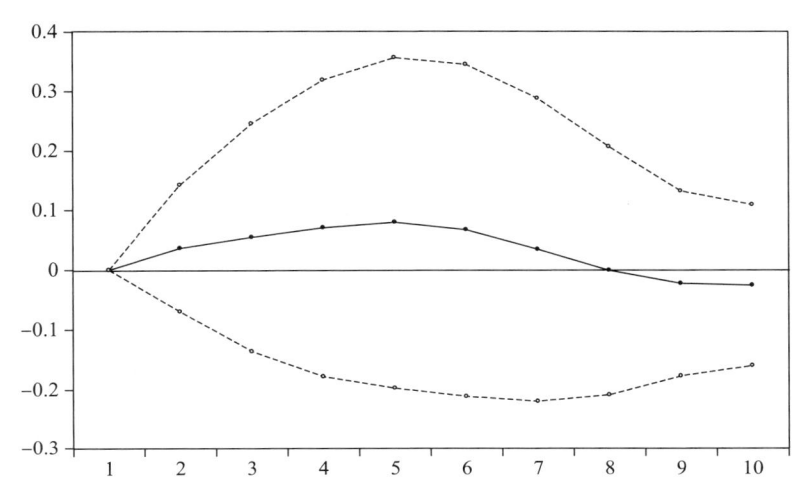

图 5-11　城乡居民收入差距对社会稳定的社会紧张因子的响应路径

从图 5-12 中可以看出，城乡社会保障差距对社会稳定的社会紧张因子施加的扰动，在当期并没有立即做出反应。在第 5 年这种扰动影响达到最小值，并开始下降。在第 1 年扰动的影响为 0。从第 2 年到第 6 年城乡社会保障差距对社会稳定的社会紧张因子的干扰为负向影响，而且影响比较强劲，并到第 5 年开始重新改变作用方向，之后，这种影响趋向快速降低，直到第 9 年变为 0。这说明了城乡社会保障差距对社会稳定的社会紧张因子的负向影响，但是，从长期来看，城乡社会保障差距不一定就始终给社会稳定的社会紧张因子产生负向影响，也有可能是正面的。这也符合现实情况，在经济发展初期，特别是改革开放初期，我国是从接近城乡二元结构的计划经济开始起步的，改革开放初期，城乡社会保障差距很大，农民几乎没有多少转移支付（社会保障），大家的收入都有所提高，使一部分人先富起来的政策，人们都有了通过劳动、经商、创业等活动提高自己的收入水平的积极性，起初收入分配开始出现了差距，收入差距对社会稳定的影响也越来越负面。

总之，社会保障支出的增长会通过降低社会紧张因子得分而提高社会稳定性。城乡人均收入差距越大社会稳定性越低，特别地，

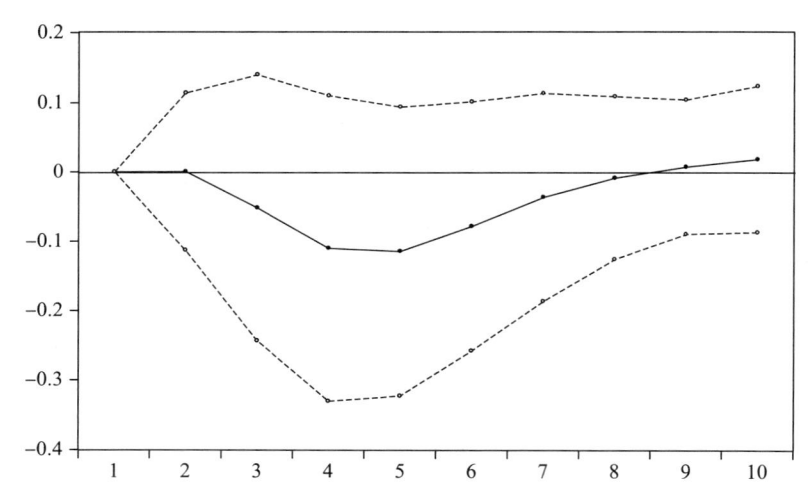

图 5-12　城乡社会保障差距对社会稳定的社会紧张因子的响应路径

社会保障支出总额的提高会促进社会稳定水平的提高，但是，在关注社会保障支出总额的同时还必须缩小城乡社会保障之间的差距，才能更好地促进社会稳定水平的提高。

综上所述，可以得出结论，我国社会保障支出经过几十年的高速增长，已经接近饱和水平，从总量上看，增加社会保障支出的可能性已经不大，虽然社会保障支出可以改善社会紧张因子，但是，从总体上说，依然是负向的效应。同时，城乡人均收入差距和社会保障的城乡差距是引起社会不稳定的主要因素，因此，应该逐步缩小城乡差距，特别是社会保障的城乡差距，是解决问题的关键点。

社会保障支出影响社会稳定的因素总结如表 5-6 所示。

表 5-6　社会保障支出影响社会稳定的因素总结

	社会稳定指数	社会稳定的社会公共安全因子	社会稳定的社会紧张因子
社会保障支出	-0.000951	-0.000503	0.000227
城乡收入差距	-2.095833	-0.518891	-1.832070
社会保障城乡差距	-0.545151	-0.078244	-0.746239

四 社会保障支出各分项与社会稳定指数实证分析过程

为了深入分析社会保障支出对社会稳定的影响细节,本节我们尝试用社会保障各分项数据与社会稳定指数相拟合,研究社会保障各分项是如何作用于社会稳定的。

(一) 模型设定和数据来源

模型设定为:

$$\ln sst = c + \alpha \ln ssyl + \beta \ln sssy + \gamma \ln ssyyl + \eta \ln sscz + \mu \quad (5.4)$$

$$\ln sstjz = c + \alpha \ln ssyl + \beta \ln sssy + \gamma \ln ssyyl + \eta \ln sscz + \mu \quad (5.5)$$

$$\ln sstga = c + \alpha \ln ssyl + \beta \ln sssy + \gamma \ln ssyyl + \eta \ln sscz + \mu \quad (5.6)$$

其中,lnsstjz 和 lnsstga 分别为社会稳定的社会紧张因子和社会稳定的社会公共安全因子的对数值,lnss、lnssyl、lnsssy、lnssyyl 和 lnsscz 分别表示社会保障支出额、基本养老保险、失业保险、医疗保险和财政中的社会保障支出。

c 为常数 α、β、η 和 κ 分别为系数,我们预期所有系数应该为正,表示社会保障的各个分项数据的增长都会促进社会稳定。

1993—2012 年我国社会保障及其分项数据如表 5-7 所示。

表 5-7　　　　我国社会保障及其分项数据

年份	城镇职工基本养老保险	失业保险	医疗保险	财政支出中社会保障支出(亿元)	社会保障合计
1993	172.3178	3.405346	0.805566	27.56133	204.1267
1994	195.0147	4.188791	1.356932	28.0649	228.6549
1995	213.5551	4.761905	2.695893	29.09045	250.0781
1996	240.0326	6.350314	5.396604	29.78134	281.5608
1997	283.1636	8.214528	11.65422	32.16565	335.2206
1998	344.7993	11.8385	15.76186	39.06478	412.4453
1999	445.3725	21.19389	21.19389	41.61962	529.3799
2000	487.4424	28.43318	33.7788	49.08525	598.7627
2001	531.1899	35.83524	61.83066	454.7826	1083.616

续表

年份	城镇职工基本养老保险	失业保险	医疗保险	财政支出中社会保障支出（亿元）	社会保障合计
2002	655.8016	43.04498	101.9839	608.1246	1408.932
2003	711.6708	45.54365	158.3086	605.4046	1520.928
2004	768.3414	46.35805	200.5924	683.6463	1698.872
2005	870.7543	44.59052	248.6207	797.1681	1961.134
2006	1039.639	42.03822	293.5669	932.9321	2308.176
2007	1208.448	44.10454	345.4822	1103.558	2701.592
2008	1413.736	48.49818	436.5793	1301.758	3200.572
2009	1713.757	70.67437	586.0116	1465.642	3836.085
2010	1968.83	78.95915	716.3589	1693.975	4458.105
2011	2259.274	76.60177	859.646	1966.265	5161.77
2012	2684.457	77.72986	1064.206	2171.04	5997.433

（二）模型变量单位根检验

表 5-8 对各个变量分别做单整检验，检验结果已列出。

表 5-8　　　　　　　　ADF 检验结果

变量	ADF 检验值	检验类 (c, t, k)	5% 临界值	10% 临界值	结论
lnsstjz	-1.953717	(c, t, 2)	-3.040391	-2.660551	非平稳
lnsstjz 一阶差分	-2.218275	(c, t, 2)	-3.040391	-2.660551	非平稳
lnsstjz 二阶差分	-4.181314	(c, t, 2)	-3.052169	-2.666593	平稳
lnssyl	0.468237	(c, t, 2)	-3.029970	-2.655194	非平稳
lnssyl 一阶差分	-3.674061	(c, t, 0)	-3.040391	-2.660551	平稳
lnsscz	-1.816338	(c, t, 2)	-3.673616	-3.277364	非平稳
lnsscz 一阶差分	-3.726026	(c, t, 2)	-3.690814	-3.286909	平稳
lnsssy	-1.655454	(c, t, 2)	-3.690814	-3.286909	非平稳
lnsssy 一阶差分	-2.341924	(c, t, 2)	-3.690814	-3.286909	非平稳
lnsssy 二阶差分	-4.406334	(c, t, 2)	-3.710482	-3.297799	平稳

(三) 社会保障分项数据与社会稳定指数模型拟合过程

1. 社会保障分项数据与社会稳定指数模型拟合过程

为了研究社会保障支出各个分项对社会稳定的影响,首先对模型 (5.4) 进行估计,结果如表 5-9 所示。

表 5-9　社会保障分项数据影响社会稳定指数模型估计结果

因变量：lnsst
估计方法：最小二乘法
样本期间：1993—2012 年
观测样本容量：20

变量	系数	标准误差	t 统计量	概率
C	5.750564	0.315207	18.24374	0.0000
lnssyl	-0.768214	0.094215	-8.153877	0.0000
lnsssy	0.319200	0.079927	3.993658	0.0012
lnssyyl	0.005040	0.057519	0.087620	0.9313
lnsscz	-0.038032	0.031917	-1.191616	0.2519
可决系数 R^2	0.972769	因变量均值		1.630395
调整的可决系数 R^2	0.965507	因变量标准差		0.412917
回归标准差	0.076688	赤池信息量（AIC）		-2.085818
残差平方和	0.088216	施瓦茨信息量（SC）		-1.836885
对数似然值	25.85818	汉南—奎因准则		-2.037224
F 统计量	133.9586	DW 统计量		1.067622
相伴概率	0.000000			

从表 5-9 社会保障分项数据影响社会稳定指数模型估计结果中可以发现,社会保障中医疗保险没有通过假设检验。因此,舍去该变量后,重新估计模型 (5.7)。

$$\text{lnsst} = c + \alpha \text{lnssyl} + \beta \text{lnsssy} + \eta \text{lnsscz} + \mu \tag{5.7}$$

对模型 (5.7) 估计的结果如表 5-10 所示。

表 5-10　社会保障分项数据影响社会稳定指数模型估计结果

因变量：lnsst

估计方法：最小二乘法

样本期间：1993—2012 年

观测样本容量：20

变量	系数	标准误差	t 统计量	概率
C	5.739572	0.280056	20.49436	0.0000
lnssyl	-0.762982	0.070582	-10.80986	0.0000
lnsssy	0.324534	0.050150	6.471260	0.0000
lnsscz	-0.037300	0.029833	-1.250313	0.0292
可决系数	0.972755	因变量的均值		1.630395
调整的可决系数	0.967646	因变量的标准差		0.412917
回归标准差	0.074272	赤池信息量（AIC）		-2.185307
残差平方和	0.088261	施瓦茨信息量（SC）		-1.986160
对数似然值	25.85307	汉南—奎因准则		-2.146431
F 统计量	190.4187	DW 统计量		1.062704
相伴概率	0.000000			

由表 5-10 可以看出，各个变量在 5% 的置信水平以内都能通过假设检验，模型拟合结果可以接受。

2. 社会保障分项数据与社会稳定指数模型拟合过程残差分析

为了分析模型的拟合程度，我们进一步对模型进行了残差分析，结果如图 5-13 所示。

由图 5-13 可以看出，模型的拟合结果还是比较好的，可以接受，残差波动趋于减小。

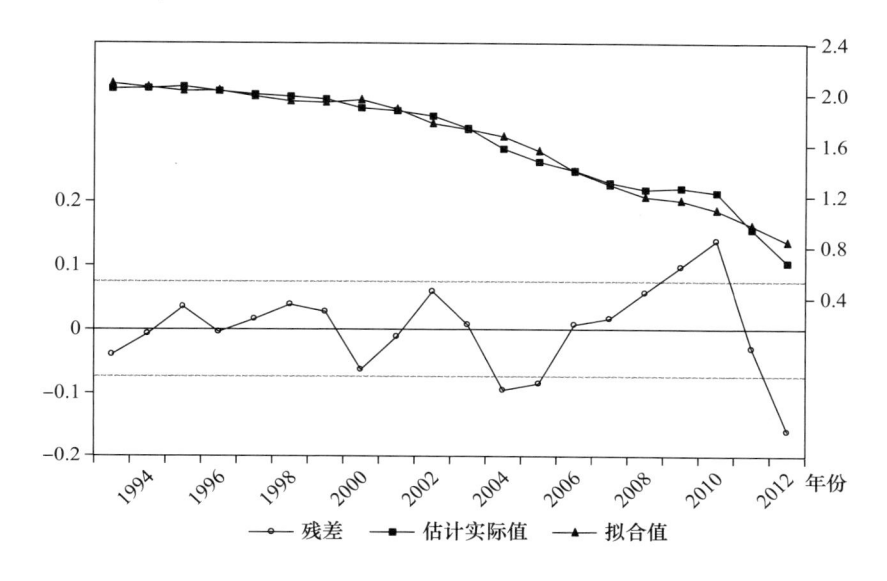

图 5-13 估计实际值、拟合值和残差

3. 社会保障分项数据与社会稳定指数模型脉冲效应分析

从图 5-14 中可以看出，从一开始养老保险对社会稳定综合指数一直产生正向的影响，在第 2 年当养老保险提升 1 个标准差之后，社会稳定综合指数也因此提高了 0.0951 个标准差，之后保持一个相对平稳的时期，直到第 3 年之后，负向作用加速扩大。这在中国的现实环境下也是可以解释的。在养老保险增加刚开始的时候，居民收入增加，幸福感加强，社会稳定性也在提高，但是，随着养老保险支出的增加，由于养老保险的增加源自社会保险费的增加，增加社会保障各项费用的征收，在起初会降低城乡居民的可支配收入，短时间内，社会保障支出的增加是以增加社会保障征收为代价的，缴费大于支出，城乡居民的幸福感会降低，增加民众的不满情绪，社会紧张关系也会加剧，社会稳定性也会降低。

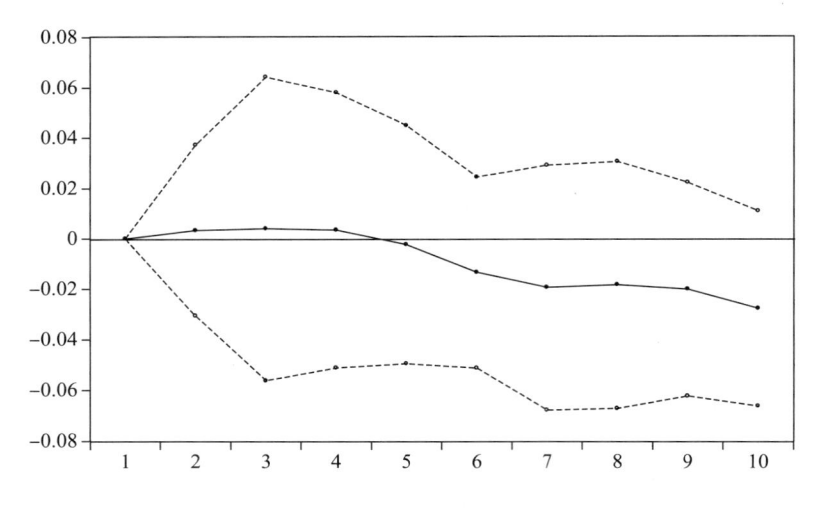

图 5-14　养老保险对社会稳定指数的响应路径

从图 5-14 中可以看出，从一开始失业保险对社会稳定综合指数一直产生正向的影响，在第 2 年当养老保险提升 1 个标准差之后，社会稳定综合指数也因此提高了 0.051 个标准差，之后保持一个相对平稳的时期，直到第 3 年之后，负向作用加速扩大，随后直到第 5 年之后，又再次转为正向作用加速扩大，最后经过 3 年正影响之后，到第 8 年之后，又再次转为负向作用加速扩大。这在中国的现实环境下也是可以解释的。在失业保险增加刚开始的时候，居民收入增加，幸福感加强，社会稳定性也在提高，但是，随着失业保险支出的增加，由于失业保险的增加源自社会保险费的增加，增加社会保障各项费用的征收，在起初会降低城乡居民的可支配收入，短时间内，社会保障支出的增加是以增加社会保障征收为代价的，缴费大于支出，城乡居民的幸福感会降低，增加民众的不满情绪，社会紧张关系也会加剧，社会稳定性也会降低。

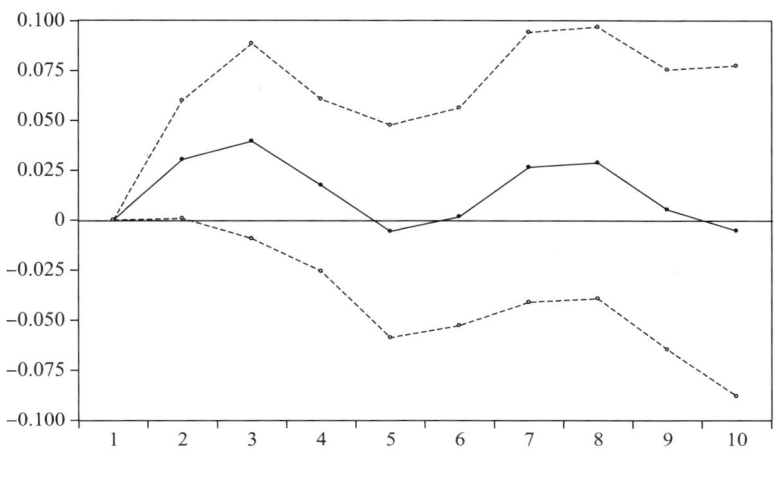

图 5-15　失业保险对社会稳定指数的响应路径

从图 5-16 中可以看到，从一开始财政社会保障支出对社会稳定综合指数一直产生负向影响，在第 2 年当财政社会保障支出提升 1 个标准差之后，社会稳定综合指数也因此降低 0.0751 个标准差，之后保持一个相对平稳的时期，直到第 3 年之后，负向作用转变为正向作用，之后又经历了一个反复正负向的转换。这在中国的现实环境下也是可以解释的。在财政社会保障支出增加刚开始的时候，居民收入增加，幸福感加强，社会稳定性也在提高，但是，随着财政社会保障支出的增加，由于财政社会保障支出的增加源自政府税费的增加，增加政府税费的征收，在起初会降低城乡居民的可支配收入，短时间内，社会保障支出的增加是以增加社会保障征收为代价的，缴费大于支出，城乡居民的幸福感会降低，增加民众的不满情绪，社会紧张关系也会加剧，社会稳定性也会降低。

（四）社会保障分项数据与社会稳定的社会紧张因子模型拟合过程

前面研究了社会保障分项数据对社会稳定指数的影响，现在和后面分别研究社会保障分项数据对社会稳定的社会紧张因子和社会稳定的公共安全因子的影响，然后再综合分析社会保障分项支出对社会稳定指数的总体效应。

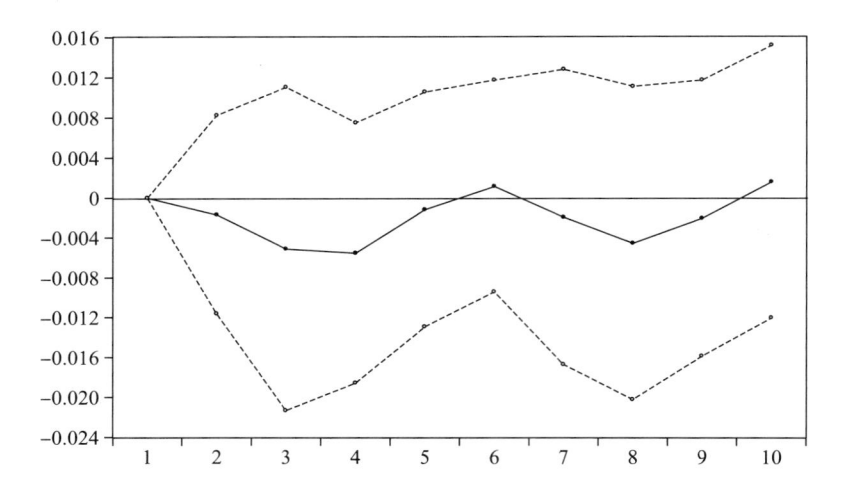

图 5-16　财政社会保障支出对社会稳定指数的响应路径

1. 社会保障分项数据与社会稳定的社会紧张因子模型拟合过程

社会保障分项数据对社会稳定的社会紧张因子模型模拟结果如表 5-11 所示。

表 5-11　社会保障分项数据影响社会稳定的社会紧张因子模型估计结果

因变量：lnsstjz

估计方法：最小二乘法

样本期间：1993—2012 年

观测样本容量：20

变量	系数	标准误差	t 统计量	概率
C	-4.800057	0.627045	-7.655050	0.0000
lnssyl	1.567674	0.187422	8.364420	0.0000
lnsscz	-0.218481	0.063492	-3.441071	0.0036
lnsssy	-1.016612	0.158999	-6.393841	0.0000
lnssyyl	0.012035	0.114424	0.105182	0.9176
可决系数 R^2	0.905722	因变量均值		0.976611
调整的可决系数 R^2	0.880581	因变量标准差		0.441462

续表

变量	系数	标准误差	t统计量	概率
回归标准差	0.152557	赤池信息量（AIC）		-0.710245
残差平方和	0.349103	施瓦茨信息量（SC）		-0.461312
对数似然值	12.10245	汉南—奎因准则		-0.661650
F统计量	36.02577	DW统计量		1.915005
相伴概率	0.000000			

变量 lnsst 和变量 lnsstjz 也通过了二阶单整，再依据模型（5.5）进行模拟发现模拟结果，在模型（5.5）社会保障中医疗保险谬误概率达到91.76%，因此，舍去该变量后重新估计新的模型（5.8）。

$$lnsstjz = c + \alpha lnssyl + \beta lnsssy + \eta lnsscz + \mu \qquad (5.8)$$

估计结果如表5-12所示。

表5-12　社会保障分项数据影响社会稳定的社会紧张因子模型估计结果

因变量：lnsstjz

估计方法：最小二乘法

样本期间：1993—2012年

观测样本容量：20

变量	系数	标准误差	t统计量	概率
C	-4.826307	0.557181	-8.662015	0.0000
lnssyl	1.580168	0.140425	11.25273	0.0000
lnsscz	-0.216732	0.059353	-3.651572	0.0022
lnsssy	-1.003873	0.099775	-10.06134	0.0000
可决系数 R^2	0.905652	因变量均值		0.976611
调整的可决系数 R^2	0.887962	因变量标准差		0.441462
回归标准差	0.147767	赤池信息量（AIC）		-0.809508
残差平方和	0.349360	施瓦茨信息量（SC）		-0.610361
对数似然值	12.09508	汉南—奎因准则		-0.770632
F统计量	51.19496	DW统计量		1.907048
相伴概率	0.000000			

$$\ln sstjz = -4.82630705686 + 1.58016779813 \times \ln ssyl - 0.216732245677 \times \ln sscz - 1.00387257098 \times \ln sssy$$

由表 5-11 的估计结果可以看出，社会保障中对社会稳定显示正向关系的，只有养老保险，养老保险每增长 1%，社会稳定的社会紧张因子改善 1.58%，但是，与我们预期相违背的是失业保险和财政中社会保障的增加会使社会稳定的社会紧张因子恶化。失业保险和财政中社会保障主要倾向于城镇，养老保险虽然也有同样的问题，但是，城镇老年人的生活更加依赖退休金。财政中的社会保障每增加 1%，社会稳定的社会紧张因子降低 0.21%；同时，失业保险每增加 1%，社会稳定的社会紧张因子降低将近 1%，失业的影响大于财政中的社会保障，这是因为，失业保险金覆盖率很低，基本上是城市国有大型企业，而大型国有企业都属于城镇部分，同时，财政中的社会保障有一部分支付给了农村。其问题还是由我国社会保障城乡二元结构导致的，应加快社会保障的城乡统筹，逐步达到城乡统一整合的社会保障制度。

2. 社会保障分项数据与社会稳定的社会紧张因子模型残差分析

为了分析模型的拟合程度，我们进一步对模型进行了残差分析，结果如图 5-17 所示。

由图 5-17 可以看出，模型的拟合结果还是比较好的，可以接受，残差波动趋于减小。

3. 社会保障分项数据与社会稳定的社会紧张因子模型脉冲影响分析

脉冲响应函数是用来衡量来自某个内生变量的随机扰动项的一个标准差冲击（称为脉冲响应），对 VAR 模型当中所有内生变量当前值和未来值的影响。图 5-18 至图 5-20 是社会稳定的社会紧张因子来自养老保险、财政中的社会保障以及社会保障中的失业保险的脉冲响应图。

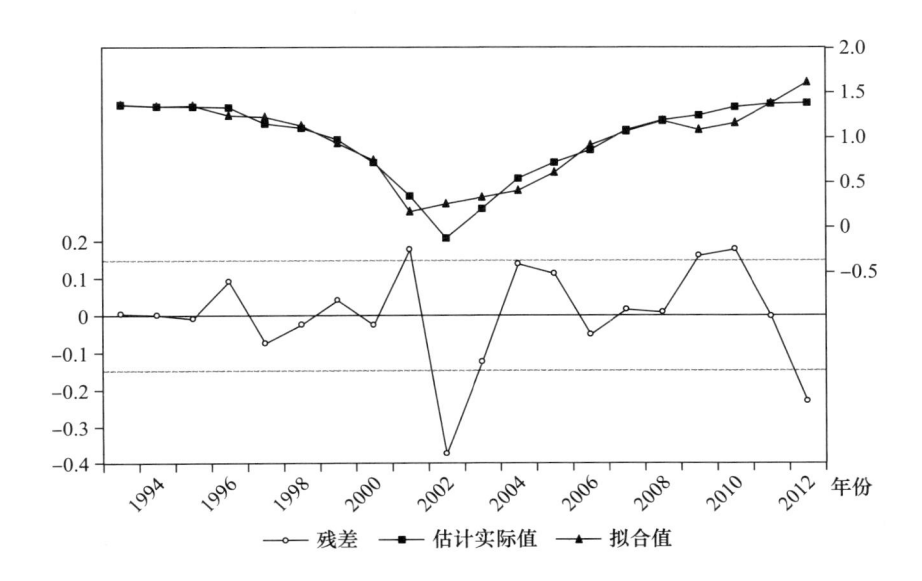

图 5-17 估计实际值、拟合值和残差示意

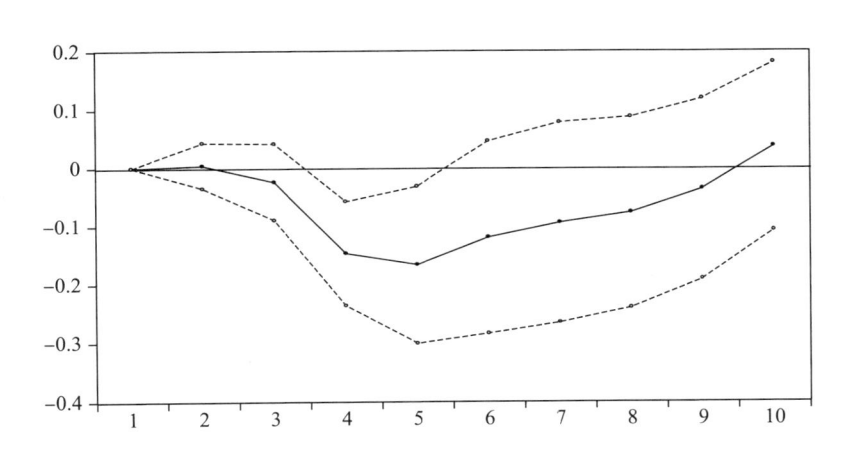

图 5-18 养老保险支出对社会稳定社会紧张因子的响应路径

图 5-18 表示社会保障支出对社会稳定的社会紧张因子的响应路径，从图 5-18 中可以看出，在起初一年社会保障支出中的养老保险支出对社会稳定紧张因子产生了正向的影响，在第 1 年当社会保障支出中的养老保险支出提升标准差冲击之后，社会稳定的社会

紧张因子因此而提高了 0.58 个标准差,这也是社会保障支出的正向作用的最高值。但是,在第 1 年开始短暂的正向效应,一直到第 5 年达到负向的最大值,随后改变作用方向知道第 9 年达到 0,之后变为正向作用。也就是说,社会保障支出对社会稳定的社会紧张因子产生了的影响在经历了两年的负向影响之后,开始对社会稳定的社会紧张因子的发展产生正向影响。这在中国的现实环境下也是可以解释的。在社会保障支出增加刚开始的时候,由于社会保障支出的增加源自社会保险费的增加,增加社会保障各项费用的征收,在起初会降低城乡居民的可支配收入,短时间内,社会保障支出的增加是以增加社会保障征收为代价的,缴费大于支出,城乡居民的幸福感会降低,增加民众的不满情绪,社会紧张关系也会加剧,社会稳定性也会降低。而随着缴费稳定,社会保障支出增加,城乡居民得到的各项政府转移支付不断增加,会提高居民的可支配收入进而提高居民的幸福程度,提高社会稳定水平。

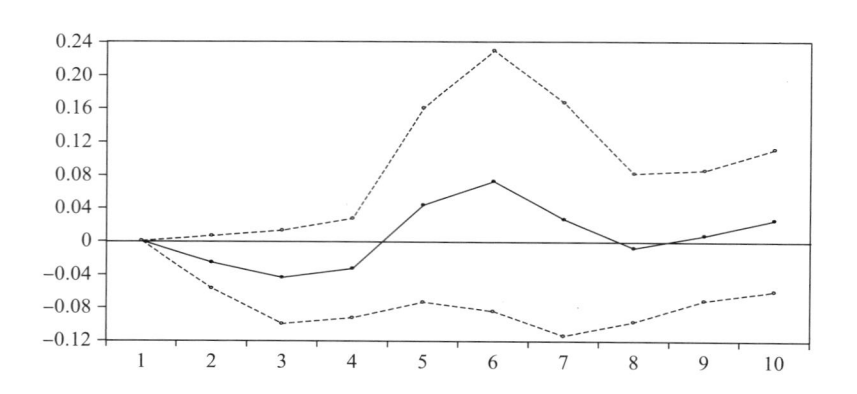

图 5 – 19　失业保险支出对社会稳定社会紧张因子的响应路径

从图 5 – 19 中可以看出,在起初前三年社会保障支出中的失业保险支出对社会稳定的社会紧张因子产生负向影响,在第 2 年当社会保障支出中的失业保险支出提升 1 个标准差之后,社会稳定的社会紧张因子因此而降低了 0.68 个百分点,这也是社会保障支出的负向作用的最高值。但是,在第 4 年开始为 0,之后在 0.7 左右趋于上升。也就是说,社会保障支出对社会稳定的社会紧张因子产生的影响在经历了三年的负向影响之后,开始对社会稳定的社会紧张因子的发展产生正向影响,之后,到第 7 年又有一个短时间的负向效应,然后再次正向影响。这在中国的现实环境下也是可以解释的。在社会保障支出失业保险增加刚开始的时候,由于社会保障支出的增加源自社会保险费的增加,增加社会保障各项费用的征收,在起初会降低城乡居民的可支配收入,短时间内,社会保障支出的增加是以增加社会保障征收为代价的,缴费大于支出,城乡居民的幸福感会降低,增加民众的不满情绪,社会紧张关系也会加剧,社会稳定性也会降低,特别是失业保险增加的前提是失业率的增加,而失业对居民的影响无疑是不安定的因素。而随着失业保险的增加,城乡居民得到的各项政府转移支付不断增加,会提高居民的可支配收入,进而提高居民的幸福程度,提高社会稳定水平。

从图 5-20 中可以看出,在起初一年社会保障支出中的财政社保支出对社会稳定的社会紧张因子产生负向的影响,在第 1 年当社会保障支出中的养老保险支出提升 1 个标准差之后,社会稳定的社会紧张因子因此而降低了 0.8 个标准差,这也是社会保障支出的负向作用的最高值。但是,在第 2 年开始为 0,之后在 0.7 左右趋于平稳。也就是说,社会保障支出中的财政社会保障支出对社会稳定的社会紧张因子产生的影响在经历了两年的负向影响之后,开始对社会稳定的社会紧张因子的发展产生正向影响,并且在第 3 年到第 7 年趋于稳定的正向影响,之后又有一个下降过程。这在中国的现实环境下也是可以解释的。在社会保障支出中的财政社保支出增加刚开始的时候,由于社会保障支出中的财政社保支出的增加源自财政支出的增加,增加财政税收的征收,在起初会降低城乡居民的可支配收入,短时间内,社会保障支出的增加是以增加社会保障征收为代价的,缴费大于支出,城乡居民的幸福感会降低,增加民众的不满情绪,社会紧张关系也会加剧,社会稳定也会降低。而随着缴费稳定，社会保障支出增加，城乡居民得到的各项政府转移支付不断增加，会提高居民的可支配收入进而提高居民的幸福程度，提高社会稳定水平。

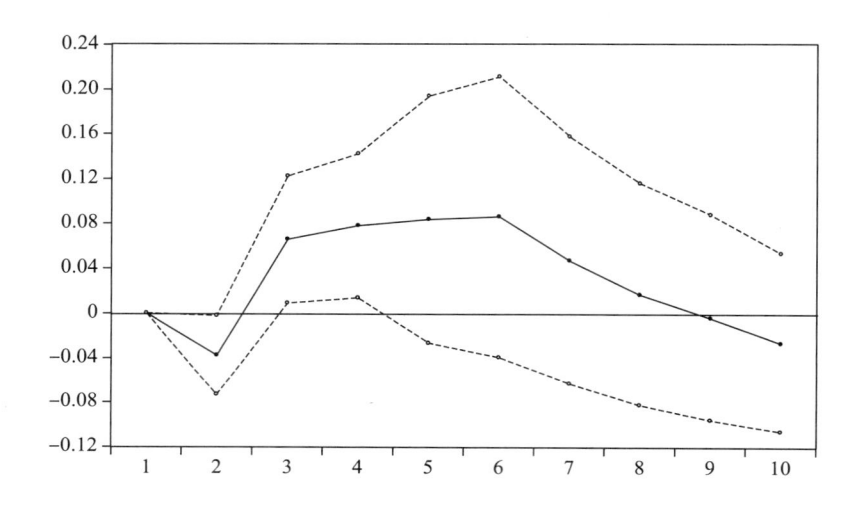

图 5-20　财政社保支出对社会稳定社会紧张因子的响应路径

综上所述，可以得出结论，社会保障支出促进社会稳定，同时社会保障支出城乡差异却会使社会稳定性降低，社会保障支出扩大会促进社会稳定，但是，城乡差距的扩大会损害社会稳定，我国社会保障支出增长很快，同时，社会稳定性却在持续下降，其原因之一就是社会保障制度的城乡二元制度安排，造成城乡居民之间的社会保障差异也随之不断扩大，而不断扩大的社会保障城乡差异使社会稳定性持续降低。

（五）社会保障分项数据与社会稳定的社会公共安全因子模型拟合过程

上面研究社会保障分项数据对社会稳定的社会紧张因子的影响，下面接着分析社会保障分项数据对社会稳定的社会公共安全因子的影响，然后再综合分析社会保障分项支出对社会稳定指数的总体

第五章 我国社会保障支出对社会稳定影响的实证分析

效应。

1. 社会保障分项数据与社会稳定的社会公共安全模型拟合过程

社会保障分项数据对社会稳定的社会公共安全因子模型模拟结果如表5-13所示。

表5-13 社会保障分项数据影响社会稳定的社会公共安全因子模型估计结果

因变量：lnsstga

估计方法：最小二乘法

日期：2016年8月26日

样本期间：1993—2012年

观测样本容量：20

变量	系数	标准误差	t统计量	概率
lnssyl	0.567736	0.107105	5.300748	0.0001
lnsssy	0.166057	0.283199	0.586362	0.5658
lnsscz	-0.140513	0.106403	-1.320568	0.2052
lnssyyl	-0.261792	0.186983	-1.400082	0.1806
可决系数 R^2	0.188470	因变量均值		1.151488
调整的可决系数 R^2	0.036308	因变量标准差		0.276820
回归标准差	0.271748	赤池信息量（AIC）		0.408971
残差平方和	1.181549	施瓦茨信息量（SC）		0.608117
对数似然值	-0.089710	汉南—奎因准则		0.447846
DW统计量	0.286695			

其中，社会保障支出中的失业保险不能通过假设检验：

$$\text{lnsstga} = c + \alpha \text{lnssyl} + \gamma \text{lnssyyl} + \eta \text{lnsscz} + \mu \tag{5.9}$$

lnsstga = 4.33980062937 - 0.662870352765 × lnssyl + 0.18059438057 × lnsssy + 0.0602066762779 × lnssyyl

2. 社会保障分项数据与社会稳定的社会公共安全因子模型残差分析

为了分析模型的拟合程度，我们进一步对模型进行了残差分析，结果如表5-14和图5-21所示。

表 5-14　社会保障分项数据影响社会稳定的社会公共安全因子模型估计结果

因变量：LNSSTGA

估计方法：最小二乘法

日期：2016 年 8 月 26 日

样本期间：1993—2012 年

观测样本容量：20

C	4.339801	0.217917	19.91489	0.0000
lnssyl	-0.662870	0.067047	-9.886587	0.0000
lnsssy	0.180594	0.058734	3.074804	0.0073
lnssyyl	0.060207	0.040793	1.475901	0.1594
可决系数 R^2	0.965100	因变量均值		1.151488
调整的可决系数 R^2	0.958557	因变量标准差		0.276820
回归标准差	0.056354	赤池信息量（AIC）		-2.737473
残差平方和	0.050812	施瓦茨信息量（SC）		-2.538327
对数似然值	31.37473	汉南—奎因准则		-2.698598
F 统计量	147.4857	DW 统计量		0.866788
相伴概率	0.000000			

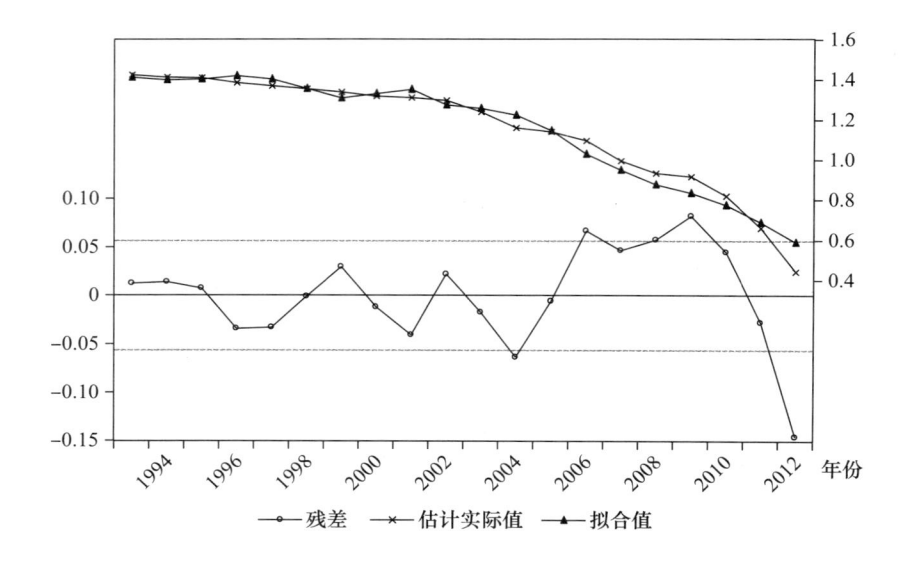

图 5-21　估计实际值、拟合值和残差示意

3. 社会保障分项数据与社会稳定的社会公共安全因子模型脉冲效应

从图 5-22 中可以看出，从一开始养老保险对社会稳定的社会公共安全因子一直产生负向影响。这在中国的现实环境下也是可以解释的。在养老保险增加刚开始的时候，居民收入增加，幸福感加强，社会稳定性也在提高，但是，随着养老保险支出的增加，由于养老保险的增加源自社会保险费的增加，增加社会保障各项费用的征收，在起初会降低城乡居民的可支配收入，短时间内，社会保障支出的增加是以增加社会保障征收为代价的，缴费大于支出，城乡居民的幸福感会降低，增加民众的不满情绪，社会紧张关系也会加剧，社会稳定性也会降低。

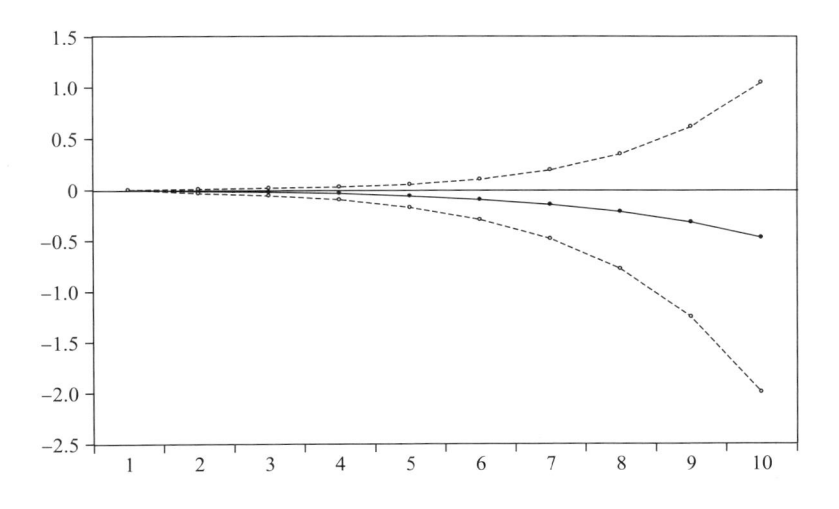

图 5-22　养老保险对社会稳定的社会公共安全因子的响应路径

从图 5-23 中可以看出，从一开始失业保险对社会稳定的社会公共安全因子一直产生负向影响。这在中国的现实环境下也是可以解释的。在失业保险增加刚开始的时候，居民收入增加，幸福感加强，社会稳定性也在提高，但是，随着失业保险支出的增加，由于失业保险的增加源自社会保险费的增加，增加社会保障各项费用的征收，在起初会降低城乡居民的可支配收入，短时间内，社会保障支出的增加是以增加社会保障征收为代价的，缴费大于支出，城乡居民的幸福感会降低，增加民众的不满情绪，社会紧张关系也会加剧，社会稳定性也会降低。

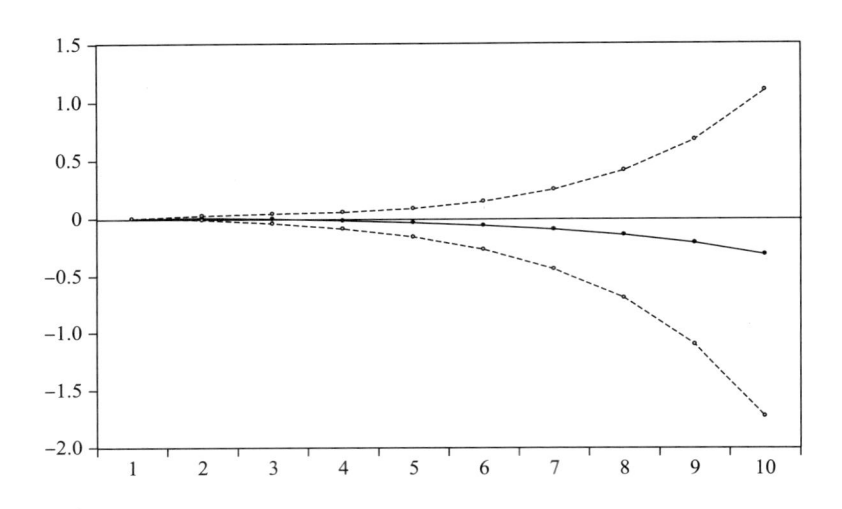

图 5-23　失业保险对社会稳定的社会公共安全因子的响应路径

从图 5-24 中可以看出，从一开始财政支出中的社会保障支出对社会稳定的社会公共安全因子一直产生负向影响，这在中国的现实环境下也是可以解释的。在养老保险增加刚开始的时候，居民收入增加，幸福感加强，社会稳定性也在提高，但是，随着养老保险支出的增加，由于养老保险的增加源自社会保险费的增加，增加社会保障各项费用的征收，在起初会降低城乡居民的可支配收入，短时间内，社会保障支出的增加是以增加社会保障征收为代价的，缴费大于支出，城乡居民的幸福感会降低，增加民众的不满情绪，社会紧张关系也会加剧，社会稳定性也随之降低。

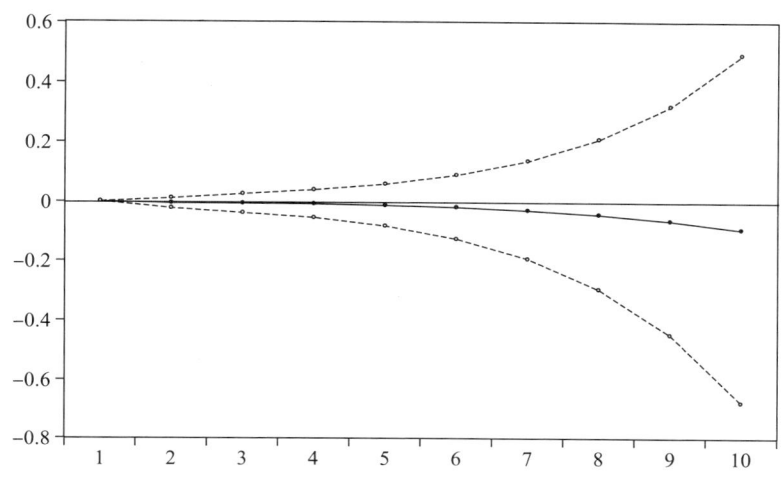

图 5-24　财政支出中的社会保障支出对社会稳定的
社会公共安全因子的响应路径

由表 5-15 可以看出，社会保障支出的各个不同分项对社会稳定及其不同因子的影响是不同的，其中，养老保险对社会稳定指数和社会稳定的社会公共安全因子有负向影响，同时对社会稳定的社会紧张因子有正向效果，而失业保险对社会稳定指数和社会稳定的社会公共安全因子有正向影响，同时对社会稳定的社会紧张因子却有负向效果，养老保险和失业保险的效果有很大的不同，这是因为，养老保险和失业保险受益人群的不同，养老保险主要是老人受益，失业保险是年轻人受益，由于低收入农民工的大量存在，同时，城镇职工退休金经历了十几年的持续增长，已经达到了相当高的水平，存在大量的在职年轻人的收入不如国有企业退休人员的收入，这种反常情况造成人们心理的落差比较大，养老保险支出水平越高。一方面，造成城乡差异进一步扩大，社会治安也因此下降；另一方面，也会减少城镇内部的因为养老待遇问题产生的劳动摩擦。失业保险支付给年轻人可以减少治安及刑事案件的发生率，同时又造成齿轮效应的劳资关系的进一步恶化，在职人员也要求增加工资的压力越来越大，形成新的劳资关系紧张。

表 5–15　社会保障支出各分项对社会稳定影响总结

	社会稳定指数	社会稳定的公共安全因子	社会稳定的社会紧张因子
养老保险	-0.762982	-0.662870	1.580168
失业保险	0.324534	0.180594	-1.003873
医疗保险	不显著	0.060207	不显著
财政社会保障支出	-0.0373000	不显著	-0.216732

医疗保险的增加会使那些得了重病无钱医治的家庭得到救济，会减少恶性刑事案件的发生。令人意外的是，财政中社会保障支出增加会降低社会稳定性，大抵是因为我国财政社会保障支出过于向城镇倾斜，造成财政社会保障支出越高，城乡差距就会越大，社会稳定性反倒会降低。

这个结果要求我们必须改变目前社会保障城乡分割的局面，在养老保险、失业保险、医疗保险特别是财政中的社会保障支出做到城乡一体化，消除城乡差距，特别是增加年轻一代的收入水平，控制城镇国有企业养老金的增长幅度，改善工作的年轻人的收入不如退休人员养老金多的不合理局面。

五　结论与建议

由以上分析可知，社会保障支出总额的增加已经不能促进社会稳定性的增加，这是因为，我国社会保障费的收缴存在双轨制，体制内交的少获得多；相反，体制外交的多获得少，造成了社会的不公平，私营企业已经被各种社会保障费压得喘不过气来，如果再进一步提高社会保障费率，企业将不堪重负。

另外，社会保障的城乡差距是影响社会稳定性的主要因素，我国社会保障的城乡二元制度安排造成了社会保障的事实上的不公平，特别是失业保险和医疗保险，主要是覆盖城镇居民，失业保险和医疗保险的增加并不能大幅度地促使社会稳定，相反却是造成社会不公的原因之一，城镇居民拥有医疗保险的保障，医院也因此大幅度提高医疗价格,使农村居民的医疗费负担进一步加重,造成因病致贫现象频频发生,医患矛盾进一步加剧,进而导致社会稳定性降低,这要求我们加快社会保障的城乡一体化进程,做到社会保障的全面全民覆盖。

第二节 社会保障支出影响社会稳定的面板数据计量模型

为了深入研究社会保障支出对社会稳定的影响,上一节我们使用时间序列数据做出了实证分析,得出了相关结论。本节我们继续使用2010—2012年我国各地区的面板数据进行研究。分两个部分,一部分是全国面板数据,另一部分是分别使用东部地区、中部地区、西部地区面板数据,研究相同变量在不同地区效果上的差异,为细化政策提供依据。

一 社会保障影响社会稳定的面板数据的全国数据实证分析过程

对于面板数据模型,首先要选择是否使用固定效应模型。考虑到各个地区的社会稳定的具有相同的社会基础,选择使用固定效应模型。由于各个地区之间社会稳定的初始条件不同,其常数项也必然存在较大的差异。因此,在截面数据使用固定效应模型以及时期序列上,各个地区受相同条件约束影响,所以,时期数据不使用固定效用,分别用人均社会保障支出(ss_{ij})、城乡人均收入比($cxcj_{ij}$)和城乡社会保障支出比($sscxcj_{ij}$)与社会稳定指数(sst_{ij})回归,估计模型如下:

$$sst_{ij} = c + \alpha ss_{ij} + \beta cxcj_{ij} + \gamma sscxcj_{ij} + e_{ij}$$

式中,α、β、γ分别是社会保障支出、城乡收入差距和社会保障的城乡差距对社会稳定的影响系数,我们预期为正,表明社会保障支出越大，社会稳定性越高；为负，表明城乡收入差距越小，社会稳定性越高；为负，表明社会保障的城乡差距越小社会稳定性越高。如果出现相反的结果，应该是由特殊原因造成的。在上一节时间序列的实证分析中，我们已经发现社会保障支出总额越大，对社会稳定的影响越是负面的，因此，我们将用面板数据做进一步的研究。模型数据特征如表5-16所示。

表5-16　　　　　　　全国面板模型数据特征

	sst_{ij}	ss_{ij}	$cxcj_{ij}$	$sscxcj_{ij}$
均值	0.000000	0.000000	0.000000	0.000000
中位数	0.050611	-0.005130	0.013333	-0.016667
最大值	1.917476	0.361684	0.640000	3.280000
最小值	-2.733363	-0.270617	-0.673333	-2.050000
标准差	0.604437	0.108910	0.267198	0.929534
偏度	-0.925501	0.945396	0.148485	0.169537
峰度	7.549376	5.490377	2.827334	3.765518
J—B统计量	93.47673	37.88617	0.457268	2.716330
P值	0.000000	0.000000	0.795620	0.257132
总和	0.000000	0.000000	0.000000	0.000000
残差平方和	33.61171	1.091254		
样本量	93	93	93	93
截面样本数量	31	31	31	31

用 Eviews 8 回归得到如下结果：

由表5-16中回归结果可以看出，在全国模型结果中，社会保障支出、城乡收入差距和社会保障的城乡差距三个指标对社会稳定的影响都是正向的，都会增加社会的稳定性。也就是说，增加社会保障支出会增加社会稳定性，同时，拉大城乡收入差距以及城乡社会保障差距同样也会增加社会稳定性，这与我们的预期相违背。一个可能的解释是社会保障支出水平，经过十几年的飞速发展，已经超出了社会保障的适度水平,社会保险费的收缴水平已经达到了企业的承受水平,这造成了企业用工成本徒增,企业选择少用工、多用机器、自动化机器代替人工,这造成社会失业水平提高,大量来自中西部地区的农民工找不到工作,成为城市盲流,造成社会稳定性的降低。

表 5-17　社会保障影响社会稳定指数的全国模型估计结果

因变量:sst_{ij}

估计方法:Pooled 最小二乘法

样本期间:2010—2012 年

观测样本数量:3

截面样本数量:31

样本数量:93

变量	系数	标准误差	t 统计量	概率
ss_{ij}	2.889786	0.923569	3.128932	0.0024
$cxcj_{ij}$	1.107910	0.141109	7.851445	0.0000
$sscxcj_{ij}$	0.285826	0.122105	2.340825	0.0215
可决系数 R^2	-0.398332	因变量均值		5.000000
调整的可决系数 R^2	-0.429406	因变量标准差		1.236333
回归标准差	1.478132	赤池信息量(AIC)		3.651162
残差平方和	196.6388	施瓦茨信息量(SC)		3.732859
对数似然值	-166.7790	汉南—奎因准则		3.684149
DW 统计量	0.519764			

二　社会保障影响社会稳定的面板数据的东部地区数据实证分析过程

目前,按照我国的行政区划,东部地区的 11 个省份没变,包括北京、天津、河北、辽宁、上海、江苏、浙江、福建、山东、广东和海南。中部地区有 8 个省份,分别是山西、吉林、黑龙江、安徽、江西、河南、湖北和湖南。西部地区的省份有 12 个,分别是四川、重庆、贵州、云南、西藏、陕西、甘肃、青海、宁夏、新疆、广西和内蒙古；我们分别在东部地区、中部地区、西部地区使用面板模型进行估计。

由表5-18中回归结果可以看出，在东部地区模型结果中，社会保障支出和城乡收入差距两个指标对社会稳定的影响都是负向的，都会降低社会的稳定性。也就是说，增加社会保障支出会降低社会稳定性，东部地区经济发展比较好，社会保障支出也比较多，但是，社会保障支出的服务对象主要集中在城镇居民，大量来自中西部地区的农民工并不能得到社会保障的好处，这进一步造成社会心理的不平衡，进而降低了社会稳定性。社会保障的城乡差距与社会稳定是正向的结果，在东部地区城乡社会保障差距越大，社会稳定性越好。

表5-18 社会保障影响社会稳定指数的东部地区模型估计结果

因变量：sst_{ij}

估计方法：Pooled 最小二乘法

日期：2016年8月26日

样本期间：2010—2012年

观测样本数量：3

截面样本数量：11

样本数量：33

变量	系数	标准误差	t统计量	概率
ss_{ij}	-1.964670	1.168449	-1.681433	0.1031
$cxcj_{ij}$	-1.750529	0.233400	7.500134	0.0000
$sscxcj_{ij}$	0.050206	0.196892	0.254990	0.8005
可决系数 R^2	0.185050	因变量均值		4.069241
调整的可决系数 R^2	0.130720	因变量标准差		1.360079
回归标准差	1.268072	赤池信息量（AIC）		3.399381
残差平方和	48.24023	施瓦茨信息量（SC）		3.535427
对数似然值	-53.08979	汉南—奎因准则		3.445156
DW统计量	0.743087			

三 社会保障影响社会稳定的面板数据的中部地区数据实证分析过程

下面进行中部地区模型的估计：

由表 5-19 中回归结果可以看出，在中部地区模型结果中，社会保障支出、社会保障的城乡差距两个指标对社会稳定的影响都是负向的，都会降低社会稳定性。也就是说，增加社会保障支出不会增加社会稳定性；相反，会使社会稳定性降低。这一现象比较特殊，按理，社会保障支出增加应该促进社会稳定，但是，在中部地区却是相反的结果，造成这个结果的原因，是由于社会保障支出的增加来自社会保障收费的增加，中部地区企业不堪重负，社会保障中的失业保险、养老保险造成企业用工成本增加，这导致企业缩小

表 5-19　社会保障影响社会稳定指数的中部模型估计结果

因变量：sst_{ij}

估计方法：Pooled 最小二乘法

样本期间：2010—2012 年。

观测样本容量：3

截面样本数量：8

样本数量：24

变量	系数	标准误差	t 统计量	概率
ss_{ij}	-1.500124	3.345113	-0.448452	0.6584
$cxcj_{ij}$	1.911537	0.388347	4.922240	0.0001
$sscxcj_{ij}$	-0.100501	0.206452	0.486800	0.6314
可决系数 R^2	-1.160376	因变量均值		5.401504
调整的可决系数 R^2	-1.366126	因变量标准差		0.684708
回归标准差	1.053232	赤池信息量（AIC）		3.058073
残差平方和	23.29526	施瓦茨信息量（SC）		3.205330
对数似然值	-33.69688	汉南—奎因准则		3.097140
DW 统计量	1.011327			

用工量，最终造成失业现象增多，同时，失业保险支付又不到位，农民工失业，几乎得不到失业保险的保障，造成农民工群体生活水平下降，进而使社会稳定性降低。同时，社会保障的城乡差距越大，社会稳定性越差，这与我们预期的结果相同。城乡收入差距与社会稳定是正向的结果，在中部地区，城乡收入差距越大，社会稳定性越好，一个可能的原因是中部地区收入水平差距不大，是因为经济体制活力不够，工资制度大同小异，这造成了劳动积极性的普遍降低，社会创新动力不足，人们发财致富的欲望不够强烈，这也许与中部地区过于僵化的行政管理机制相关，这要求我们必须激发中部地区的劳动积极性，特别是要创造良好的创业机制，政府管理更加精细化、透明化，创造一个良好的创业保障机制。

四 社会保障影响社会稳定的面板数据的西部地区数据实证分析过程

最后，进行西部地区模型的估计：

由表5-20中回归结果可以看出，在西部地区模型结果中，社会保障支出、社会保障的城乡差距两个指标对社会稳定的影响都是负向的，都会降低社会稳定性。也就是说，增加社会保障支出会降低社会稳定性，城乡收入差距与社会稳定是正向的结果，在西部地区，城乡收入差距越大，社会稳定性越好，这个反常的现象值得我们关注，西部地区经济发展迟缓，收入水平并没有像沿海东部地区那样差距较大，过于平均化的收入，使社会各个阶层的劳动积极性不像东部地区那样高，生活节奏慢，生活水平较低，但是，这却造成西部地区低水平的生活质量，进而引起社会的不稳定。

由表5-21中的结果可以看出，不同指标对社会稳定的影响在不同地区是不同的，在全国，各个指标对社会稳定都有正向的影响，但是，对社会保障支出来说，除全国以外，中部地区都是负向影响，这表明全国社会保障支出的增加并没有提高社会稳定性，城乡收入差距在东部降低了社会稳定性。同时，在中部地区和西部地区

表5-20　社会保障影响社会稳定指数的西部地区模型估计结果

因变量：sst_{ij}

估计方法：Pooled最小二乘法

样本期间：2010—2012年

观测样本容量：3

截面样本数量：12

样本数量：36

变量	系数	标准误差	t统计量	概率
ss_{ij}	-0.226654	1.257757	0.180205	0.8581
$cxcj_{ij}$	1.702608	0.177084	9.614700	0.0000
$sscxcj_{ij}$	-0.128663	0.174877	-0.735734	0.4671
可决系数 R^2	0.132284	因变量均值		5.585526
调整的可决系数 R^2	0.079695	因变量标准差		0.859355
回归标准差	0.824401	赤池信息量（AIC）		2.531337
残差平方和	22.42804	施瓦茨信息量（SC）		2.663297
对数似然值	-42.56407	汉南—奎因准则		2.577395
DW统计量	0.484299			

却是增加社会稳定性。城乡社会保障差距在西部地区对社会稳定的影响是负向的。结果如此迥异，是因为我国各地区发展不平衡比较突出，这要求我们应该鼓励中西部地区大力发展经济，政府应该在政策方面给予支持，通过建立内地中的经济开发区、经济特区，以政策的优惠和支持促进中西部经济的发展，尽快缩小地区发展的不平衡、不公平程度。现阶段，社会保障制度的构建全国不能"一刀切"，要因地制宜，全盘规划，才能更好地解决社会稳定问题。

表5-21　各指标各地区社会稳定影响效果

地区	全国	东部	中部	西部
社会保障支出	正向	负向	负向	负向
城乡收入差距	正向	负向	正向	正向
城乡社会保障差距	正向	正向	负向	负向

第六章　新常态下社会保障制度促进社会稳定的对策建议

经济新常态是党中央对我国经济发展阶段的重大战略判断。经济发展进入新常态，实质上是我国经济发展已经进入高效率、低成本、可持续发展的中高速增长阶段。从速度层面来看，经济增长速度从高速增长转为中高速增长，经济增长的质量和内涵发生质的变化；从结构层面来看，经济结构发生全面深刻变化，不断优化升级；从动力层面来看，经济发展从要素驱动、投资驱动转向创新驱动；从风险层面来看，生态环境和一些不确定性风险将进一步显现。新常态、新阶段，发展仍是第一要务，积极适应经济新常态，重点在落实好六个"抓"：一是抓稳定增长，确保经济运行总体平稳；二是抓转型升级，增强产业发展后劲；三是抓区域协调发展，优化经济发展空间格局；四是抓创新支撑，形成新的增长动力源泉；五是抓改革开放，构建开放型经济新体制；六是抓民生改善，挖掘经济持续发展的可靠潜力。

根据党中央对新常态下经济发展的各项新要求，对于现实中存在的社会保障制度不完善影响社会稳定的各种问题，必须在实践中不断地完善社会保障制度。社会保障制度的二元差异，从根本上说，来自我国经济体制的二元差异，城乡分割造成城乡差异，特别是社会保障的差异，因此，我国应该加快城镇化进程，尽快逐步取消城乡二元分割的户籍制度，加快社会保障的城乡统筹，甚至城乡一体化，建立覆盖全民的社会保障制度，使社会保障成为公平的、全保障的社会安全网。

第一节　社会保障支出重点在于调整结构

根据第五章的社会保障对社会稳定影响的实证结果，特别是在经济新常态下，经济增长从高速增长转变为中高速增长，社会保障支出在总量上的增长上已不可能像高速增长时期那样迅猛增加了，而且，我们的实证研究也发现，单纯增加社会保障总量已经不能对社会稳定有很大的促进作用，甚至在某些方面还会对社会稳定产生负面效应。具体来说，一方面，社会保障支出的增加来源于社会保险费收缴或者说是社会保险费负担的增加，社会保险费的增加会加大企业负担，造成企业创新资金不足，导致企业创新乏力，职工福利，特别是国有企业职工工资福利水平超过企业、社会的负担能力。另一方面，我国社会保障二元结构，造成社会保障支出在城乡之间出现的巨大的不公平现象，这种不公平不但不会随着社会保障支出的增加而改善，反而会出现城乡之间的不公平现象随之加重的情况，这就要求我们不能再像以前那样盲目地追求社会保障支出总量的增加，而要从支出结构入手，特别是城乡之间的支出结构应该改变"重城镇轻农村"的倾向，应当努力增加农村社会保障支出，增加从城市向农村转移社会保障的支出。

另外，从社会保障支出影响社会稳定的面板数据模型的分析结果可以发现，我国社会保障支出的地区不平衡现象仍然比较严重，这要求我们除注重经济发展的地区平衡性之外，还要重视社会保障支出的地区平衡性。在地区之间进行社会保障的转移支出，从富裕的东部省份转移到相对贫困的中西部省份。社会稳定不仅仅是一个地区内部的问题，社会不稳定也会从贫困地区传导到富裕地区，在东部富裕地区工作的农民工很多都是来自中西部贫困地区，中西部地区因为社会保障支出不足，造成了社会的不稳定，以及东西部地区在收入、保障各个方面的巨大差异，会造成人民心理上的巨大差异，这种差异会造成社会心理的严重失衡，西部地区的不稳定因素也会传导到东部地区，东部地区其实是不可能独善其身的，全国"一盘棋"，东部地区的发展离不开西部地区的人力支持。

第二节 建立城乡一体化社会保障制度的基础在于快速实现城镇化

为了应对社会保障"安全漏洞"带给社会稳定的各种挑战，应扩大社会保障覆盖面，完善社会保障制度。

第一，扩大社会保障覆盖面的途径之一应该是加速城镇化，放松城市特别是小城镇的户籍管制制度，努力使有固定工作的农民工变成城镇人口，这是缩小城乡差距最快速、成本最低的途径。

第二，完善的社会保障制度应具有广泛性、无差别性，覆盖全体公民，特别是要覆盖农村人口。覆盖全体公民并不是说全体公民在同一时间内都享有同等的社会保障资金、水平，这样，也不可能在短时间内达到，但是，我们要坚持社会保障没有排他性，对任何一个公民都有制度保障。要进一步完善城镇社会保障制度，使之覆盖城镇人口，同时要尽快把广大农民纳入社会保障体系中来，逐步实行城乡统一的保障制度。这也是我国全面建成小康社会的具体要求。逐步放开户籍限制，在法律上一视同仁，加快城镇化建设，让有条件的农村人口迅速转化为城镇人口，一旦进入城镇人口，就要施行与城镇人口相同的社会保障支付水平，从根本上消除城乡差异，在更多的农村人口转变为城镇人口之后，剩下的农村人口由于耕地面积的相对扩大，农业大机械的使用可以大幅度提高农业劳动效率，其收入水平也将进一步提高，最终达到与城镇人口相同的水平。

第三节　强化社会保障的扶贫功能，着力缓解贫困问题

从前面的实证研究可以看出，财政支出中的社会保障支出对社会稳定产生了负面效应。随着我国经济的发展，迅速提高了社会保障的水平，加大了对社会保障事业的投入。但是，目前的发展已经超出了适度水平的要求。因此，总体上看，我国的社会保障应该遵循适度性原则，而且，从前面的研究中我们可以发现，社会保障总量的增加已经对社会稳定造成了负面效应。财政支出中的社会保障严重倾向于城市，在城市中，社会保障支出也存在不平衡现象，应当努力完善现行城市低保制度。

第一，立法规范资金筹集渠道，科学测算救助标准，完善评估依据和具体实施程序，将其与医疗救助、教育救助、住房救助等制度结合起来，并根据不同对象实施精准扶贫。

第二，社会保障和再就业工程要有机结合。把发展失业保险和下岗分流、实施"再就业工程"有机地结合起来，从经济根源上缓解贫困对社会保障造成的压力。尤其是进城农民工、失地农民以及城镇中由于各种原因造成的就业困难人群，应对他们进行积极引导，建立适应市场需求的培训机制，提供多种就业渠道和优惠政策。

第三，强化就业能力建设。完善的社会保障制度可以通过财政中的社会保障支出提供资金支持，向全体社会成员提供教育公平、卫生保健公平、公共品享有公平的社会保障。实施职业教育、中短期职业培训，强化在就业能力，从根源上解决扶贫问题。

第四节 完善社会保障的再分配功能，着力改善分配不公问题

第一，政府要进一步加强对高收入群体的征税力度，加强对各种隐性收入、灰色收入的监管，同时还应下大力气，规范社会收入方式，使各种非货币收入货币化，为税收调节创造必要的前提条件，扩大税基。由于居民在要素收入方面的差距越来越突出，财富的差距远比收入的差距大得多，我们要积极进行税制改革的探索，调整完善房产税、车船税等现行财产类税收制度，尽快开征物业税，研究出台遗产和赠与税。通过减免税政策，引导、鼓励高收入群体向社会公益事业和慈善事业提供援助。这样，就可以在一定程度上缓解由于收入差距过大所引发的社会矛盾。

第二，加大社会保障的转移支付，缩小城乡之间、地区之间、阶层之间的贫困差距，满足人民尤其是弱势群体对社会保障的需求。政府应合理安排支付结构，加大对贫困人口的转移支付力度。通过对养老金、失业金等社会保障费用的支出，直接提高低收入人群的货币拥有量，缩小财富占有上的不公平程度；调整转移支付的城乡结构、地区结构，加大对农村、贫困地区的转移支付，消除或极大地缓解贫富差距。

附 录

附表 1 社会保障影响社会稳定指数向量自回归模型模拟结果

样本期间：1992—2012 年

观测样本容量：21（调整后的）

小括号内为标准差，中括号内为 t 统计量

	sst	SS	cxcj	sscxcj
sst（-1）	1.283328	-190.2000	-0.007120	-0.773501
	(0.32079)	(106.986)	(0.05922)	(0.40674)
	[4.00055]	[-1.77780]	[-0.12022]	[-1.90169]
sst（-2）	-0.685801	165.9771	-0.102221	-0.297973
	(0.42626)	(142.161)	(0.07869)	(0.54047)
	[-1.60889]	[1.16753]	[-1.29899]	[-0.55132]
ss（-1）	-0.000577	1.018322	0.000195	-0.001813
	(0.00109)	(0.36285)	(0.00020)	(0.00138)
	[-0.53028]	[2.80646]	[0.96844]	[-1.31433]
ss（-2）	0.000114	0.131640	-0.000332	0.000516
	(0.00106)	(0.35423)	(0.00020)	(0.00135)
	[0.10772]	[0.37162]	[-1.69280]	[0.38290]
cxcj（-1）	-0.787947	-93.42633	1.220258	-1.630282
	(0.93178)	(310.760)	(0.17202)	(1.18146)
	[-0.84563]	[-0.30064]	[7.09366]	[-1.37989]

续表

	sst	ss	cxcj	sscxcj
cxcj（-2）	0.349582	13.59586	-0.586150	0.629250
	(0.73488)	(245.089)	(0.13567)	(0.93179)
	[0.47570]	[0.05547]	[-4.32045]	[0.67532]
sscxcj（-1）	-0.138701	-78.60528	-0.060271	0.458031
	(0.19760)	(65.9008)	(0.03648)	(0.25054)
	[-0.70194]	[-1.19278]	[-1.65218]	[1.82815]
sscxcj（-2）	-0.219519	62.07146	0.044712	-0.788034
	(0.18270)	(60.9328)	(0.03373)	(0.23166)
	[-1.20152]	[1.01869]	[1.32562]	[-3.40174]
C	3.189817	321.6802	1.295669	9.816003
	(3.17756)	(1059.75)	(0.58662)	(4.02900)
	[1.00386]	[0.30354]	[2.20869]	[2.43634]
可决系数 R^2	0.988177	0.998063	0.979770	0.832031
调整后的可决系数 R^2	0.980294	0.996772	0.966283	0.720051
残差平方和	1.104823	122888.6	0.037655	1.776226
S.E. 方程	0.303428	101.1964	0.056017	0.384732
F 统计量	125.3675	773.0364	72.64638	7.430195
对数似然值	1.123085	-120.8801	36.60230	-3.862377
AIC 检验	0.750182	12.36953	-2.628791	1.224988
SC 检验	1.197835	12.81718	-2.181138	1.672641
因变量均值	-0.261396	1825.844	2.964762	3.403810
因变量标准差	2.161528	1781.214	0.305068	0.727142
行列式协方差（调整后的）	0.232100			
行列式协方差	0.024747			
对数似然值	-80.35081			
AIC 准则	11.08103			
施瓦茨信息量（SC）	12.87164			

附表 2 社会保障影响社会稳定的社会紧张因子向量自回归模型模拟结果

日期：2016 年 8 月 26 日

样本期间：1992—2012 年

观测样本容量：21（调整后的）

小括号内为标准差，中括号内为 t 统计量

	sstjz	ss	cxcj	sscxcj
sstjz（-1）	1.497621	-181.3704	0.042388	-0.908539
	(0.26849)	(101.629)	(0.05134)	(0.32503)
	[5.57796]	[-1.78464]	[0.82559]	[-2.79525]
sstjz（-2）	-0.634449	237.3370	-0.136677	0.241684
	(0.35144)	(133.029)	(0.06720)	(0.42545)
	[-1.80527]	[1.78411]	[-2.03374]	[0.56807]
ss（-1）	-0.000474	1.063681	0.000367	-0.001284
	(0.00082)	(0.30973)	(0.00016)	(0.00099)
	[-0.57886]	[3.43425]	[2.34330]	[-1.29664]
ss（-2）	0.000565	0.085711	-0.000380	0.001256
	(0.00095)	(0.35847)	(0.00018)	(0.00115)
	[0.59624]	[0.23910]	[-2.10056]	[1.09587]
cxcj（-1）	0.750818	263.7844	1.020520	-2.006170
	(1.02760)	(388.969)	(0.19650)	(1.24400)
	[0.73065]	[0.67816]	[5.19339]	[-1.61268]
cxcj（-2）	-0.512083	8.356102	-0.450879	2.211614
	(0.77859)	(294.715)	(0.14889)	(0.94256)
	[-0.65770]	[0.02835]	[-3.02832]	[2.34640]
sscxcj（-1）	0.001021	-67.30243	-0.069356	0.270896
	(0.18494)	(70.0051)	(0.03537)	(0.22389)
	[0.00552]	[-0.96139]	[-1.96108]	[1.20995]
sscxcj（-2）	-0.150678	120.3252	0.039398	-0.559247
	(0.14738)	(55.7864)	(0.02818)	(0.17842)
	[-1.02238]	[2.15689]	[1.39796]	[-3.13451]
C	-0.214033	-910.7038	1.294901	4.223144
	(2.12861)	(805.723)	(0.40704)	(2.57686)
	[-0.10055]	[-1.13029]	[3.18123]	[1.63887]

续表

	sstjz	ss	cxcj	sscxcj
可决系数 R^2	0.959197	0.998103	0.983498	0.883589
调整后的可决系数 R^2	0.931995	0.996839	0.972496	0.805981
残差平方和	0.839984	120351.5	0.030716	1.231013
S.E. 方程	0.264573	100.1463	0.050593	0.320288
F 统计量	35.26186	789.3645	89.39724	11.38536
对数似然值	4.000691	-120.6610	38.74103	-0.012512
AIC 检验	0.476125	12.34867	-2.832479	0.858335
SC 检验	0.923777	12.79632	-2.384827	1.305987
因变量均值	-0.075044	1825.844	2.964762	3.403810
因变量标准差	1.014550	1781.214	0.305068	0.727142
行列式协方差（调整后的）	0.111445			
行列式协方差	0.011882			
对数似然值	-72.64758			
AIC 准则	10.34739			
施瓦茨信息量（SC）	12.13800			

附表 3　社会保障影响社会稳定的社会安全因子向量自回归模型模拟结果

日期：2016 年 8 月 26 日

样本期间：1992—2012 年

观测样本容量：21（调整后的）

小括号内为标准差，中括号内为 t 统计量

	sstga	ss	cxcj	sscxcj
sstga (-1)	1.090160	-672.1646	0.067772	-0.271994
	(0.31416)	(319.692)	(0.19442)	(1.54986)
	[3.47005]	[-2.10254]	[0.34858]	[-0.17550]
sstga (-2)	-0.353575	302.5113	-0.283116	-1.759402
	(0.38413)	(390.885)	(0.23772)	(1.89500)
	[-0.92047]	[0.77391]	[-1.19097]	[-0.92844]
ss (-1)	3.71E-05	0.904316	0.000270	-0.000242
	(0.00035)	(0.35321)	(0.00021)	(0.00171)
	[0.10681]	[2.56026]	[1.25866]	[-0.14160]

续表

	sstga	ss	cxcj	sscxcj
ss（-2）	-0.000233	0.065466	-0.000412	-0.001209
	(0.00029)	(0.29946)	(0.00018)	(0.00145)
	[-0.79127]	[0.21861]	[-2.26210]	[-0.83250]
cxcj（-1）	-0.301665	-72.37590	1.432501	0.452281
	(0.20426)	(207.857)	(0.12641)	(1.00768)
	[-1.47685]	[-0.34820]	[11.3322]	[0.44883]
cxcj（-2）	0.138433	-151.0210	-0.678948	-0.268485
	(0.24378)	(248.073)	(0.15087)	(1.20266)
	[0.56785]	[-0.60878]	[-4.50027]	[-0.22324]
sscxcj（-1）	-0.011530	-57.70162	-0.034755	0.772173
	(0.05036)	(51.2490)	(0.03117)	(0.24845)
	[-0.22893]	[-1.12591]	[-1.11509]	[3.10791]
sscxcj（-2）	-0.044169	25.12136	0.076084	-0.502677
	(0.04829)	(49.1444)	(0.02989)	(0.23825)
	[-0.91457]	[0.51117]	[2.54568]	[-2.10986]
C	0.836170	1074.091	0.745825	4.244739
	(0.81295)	(827.252)	(0.50310)	(4.01050)
	[1.02857]	[1.29838]	[1.48246]	[1.05841]
可决系数 R^2	0.994577	0.998228	0.977660	0.750122
调整后的可决系数 R^2	0.990961	0.997047	0.962766	0.583536
残差平方和	0.108573	112428.0	0.041582	2.642387
S.E. 方程	0.095120	96.79361	0.058866	0.469254
F 统计量	275.0754	845.1012	65.64362	4.502923
对数似然值	25.48327	-119.9459	35.56063	-8.032890
AIC 检验	-1.569835	12.28057	-2.529583	1.622180
SC 检验	-1.122182	12.72822	-2.081931	2.069832
因变量均值	-0.107686	1825.844	2.964762	3.403810
因变量标准差	1.000477	1781.214	0.305068	0.727142
行列式协方差（调整后的）		0.046783		
行列式协方差		0.004988		
对数似然值		-63.53353		
AIC 准则		9.479384		
施瓦茨信息量（SC）		11.26999		

附表 4　　社会保障支出分项数据影响社会稳定指数向量自回归模型模拟结果

日期：2016 年 8 月 26 日

样本期间：1995—2012 年

观测样本容量：18（调整后的）

小括号内为标准差，中括号内为 t 统计量

	lnsst	lnssyl	lnsssy	lnsscz
lnsst（-1）	0.645264 (0.36415) [1.77197]	-0.155976 (0.32819) [-0.47525]	0.473354 (0.91706) [0.51616]	1.197770 (1.98479) [0.60347]
lnsst（-2）	-1.094230 (0.39466) [-2.77262]	-0.051293 (0.35569) [-0.14421]	-0.068049 (0.99388) [-0.06847]	-4.364686 (2.15105) [-2.02909]
lnssyl（-1）	-0.739985 (0.46166) [-1.60288]	1.335115 (0.41608) [3.20883]	1.300304 (1.16262) [1.11843]	-5.018921 (2.51626) [-1.99460]
lnssyl（-2）	-0.290028 (0.39766) [-0.72934]	-0.361190 (0.35839) [-1.00780]	-0.767026 (1.00144) [-0.76592]	3.621322 (2.16741) [1.67081]
lnsssy（-1）	0.551205 (0.24167) [2.28085]	-0.108527 (0.21780) [-0.49827]	0.730202 (0.60860) [1.19980]	0.419161 (1.31720) [0.31822]
lnsssy（-2）	-0.191178 (0.20564) [-0.92967]	0.100847 (0.18534) [0.54413]	0.069812 (0.51788) [0.13480]	1.482090 (1.12084) [1.32230]
lnsscz（-1）	-0.015301 (0.04451) [-0.34374]	0.045787 (0.04012) [1.14674]	-0.004712 (0.11210) [-0.04203]	0.047503 (0.24261) [0.19580]
lnsscz（-2）	0.000816 (0.03677) [0.02221]	-0.075616 (0.03314) [-2.28197]	-0.114974 (0.09259) [-1.24174]	-0.092771 (0.20039) [-0.46294]

续表

	lnsst	lnssyl	lnsssy	lnsscz
C	7.900342	0.801238	-2.765903	15.17426
	(2.41969)	(2.18077)	(6.09364)	(13.1884)
	[3.26502]	[0.36741]	[-0.45390]	[1.15057]
可决系数 R^2	0.989539	0.997632	0.985514	0.981438
调整后的可决系数 R^2	0.980241	0.995527	0.972638	0.964938
残差平方和	0.029853	0.024249	0.189332	0.886864
S.E. 方程	0.057594	0.051907	0.145041	0.313912
F 统计量	106.4189	473.9365	76.53651	59.48184
对数似然值	32.07561	33.94691	15.45074	1.553026
AIC 检验	-2.563957	-2.771879	-0.716749	0.827442
SC 检验	-2.118771	-2.326693	-0.271563	1.272627
因变量均值	1.584106	6.628406	3.439277	5.815277
因变量标准差	0.409721	0.776104	0.876827	1.676442
行列式协方差（调整后的）		2.62E-10		
行列式协方差		1.64E-11		
对数似然值		121.3517		
AIC 准则		-9.483522		
施瓦茨信息量（SC）		-7.702779		

附表 5 社会保障支出分项数据影响社会稳定的社会紧张因子向量自回归模型模拟结果

日期：2016 年 8 月 26 日

样本期间：1995—2012 年

观测样本容量：18（调整后的）

小括号内为标准差，中括号内为 t 统计量

	lnsstjz	lnsssyl	lnsssy	lnsscz
lnsstjz (-1)	0.747335	0.123955	-0.307614	-0.954698
	(0.14636)	(0.12570)	(0.32065)	(0.85962)
	[5.10598]	[0.98614]	[-0.95934]	[-1.11061]

续表

	lnsstjz	lnssyl	lnsssy	lnsscz
lnsstjz（-2）	-0.133272	-0.098825	-0.515730	0.997713
	(0.13843)	(0.11888)	(0.30326)	(0.81299)
	[-0.96277]	[-0.83131]	[-1.70063]	[1.22721]
lnssyl（-1）	0.691795	1.633655	2.137611	-5.370969
	(0.47572)	(0.40854)	(1.04219)	(2.79394)
	[1.45421]	[3.99874]	[2.05109]	[-1.92236]
lnssyl（-2）	-0.522516	-0.565287	-0.356667	5.828227
	(0.46532)	(0.39961)	(1.01940)	(2.73286)
	[-1.12292]	[-1.41459]	[-0.34988]	[2.13264]
lnsssy（-1）	-0.346162	-0.188652	0.387626	0.171053
	(0.20821)	(0.17881)	(0.45614)	(1.22284)
	[-1.66256]	[-1.05505]	[0.84980]	[0.13988]
lnsssy（-2）	-0.054886	0.170792	-0.411631	0.660678
	(0.18964)	(0.16286)	(0.41545)	(1.11377)
	[-0.28942]	[1.04871]	[-0.99080]	[0.59319]
lnsscz（-1）	-0.095872	0.067409	-0.039403	0.151343
	(0.04317)	(0.03707)	(0.09457)	(0.25352)
	[-2.22096]	[1.81837]	[-0.41666]	[0.59696]
lnsscz（-2）	0.284369	-0.102869	-0.311302	0.182432
	(0.06089)	(0.05229)	(0.13339)	(0.35760)
	[4.67042]	[-1.96730]	[-2.33379]	[0.51016]
C	-0.488704	-0.140519	-5.501252	-0.783760
	(1.25031)	(1.07375)	(2.73913)	(7.34320)
	[-0.39087]	[-0.13087]	[-2.00839]	[-0.10673]
可决系数 R^2	0.991535	0.997937	0.989482	0.979321
调整后的可决系数 R^2	0.984010	0.996103	0.980132	0.960939
残差平方和	0.028644	0.021125	0.137474	0.988018
S.E.方程	0.056415	0.048448	0.123591	0.331330
F 统计量	131.7688	544.1795	105.8323	53.27685
对数似然值	32.44787	35.18801	18.33136	0.580941

续表

	lnsstjz	lnssyl	lnsssy	lnsscz
AIC 检验	-2.605318	-2.909779	-1.036818	0.935451
SC 检验	-2.160133	-2.464593	-0.591632	1.380637
因变量均值	0.934507	6.628406	3.439277	5.815277
因变量标准差	0.446134	0.776104	0.876827	1.676442
行列式协方差（调整后的）	3.76E-09			
行列式协方差	2.35E-10			
对数似然值	97.38749			
AIC 准则	-6.820833			
施瓦茨信息量（SC）	-5.040089			

附表 6　社会保障支出分项数据影响社会稳定的公共安全因子向量自回归模型模拟结果

日期：2016 年 8 月 26 日

样本期间：1995—2012 年

观测样本容量：18（调整后的）

小括号内为标准差，中括号内为 t 统计量

	lnsstga	lnssyl	lnsssy	lnssyyl
lnsstga(-1)	1.597673	-0.154007	-0.105480	0.270269
	(0.37117)	(0.46001)	(1.47426)	(1.14041)
	[4.30446]	[-0.33479]	[-0.07155]	[0.23699]
lnsstga(-2)	-0.279796	-0.948057	0.197770	0.754152
	(0.51627)	(0.63983)	(2.05059)	(1.58623)
	[-0.54196]	[-1.48173]	[0.09645]	[0.47544]
lnssyl(-1)	-0.424223	0.423307	-0.317954	0.049863
	(0.29174)	(0.36157)	(1.15880)	(0.89639)
	[-1.45409]	[1.17074]	[-0.27438]	[0.05563]
lnssyl(-2)	0.447522	-0.074887	0.176015	0.813252
	(0.29076)	(0.36035)	(1.15488)	(0.89336)
	[1.53915]	[-0.20782]	[0.15241]	[0.91033]

续表

	lnsstga	lnssyl	lnsssy	lnssyyl
lnsssy（-1）	0.056292	0.103873	1.408788	0.105425
	(0.09102)	(0.11280)	(0.36152)	(0.27965)
	[0.61847]	[0.92084]	[3.89684]	[0.37698]
lnsssy（-2）	-0.142659	-0.102203	-0.786713	-0.051553
	(0.09630)	(0.11935)	(0.38251)	(0.29589)
	[-1.48135]	[-0.85630]	[-2.05669]	[-0.17423]
lnssyyl（-1）	-0.056496	0.064491	0.140875	1.008059
	(0.08141)	(0.10090)	(0.32337)	(0.25014)
	[-0.69394]	[0.63916]	[0.43564]	[4.02991]
lnssyyl（-2）	0.102426	0.085239	0.075115	-0.323975
	(0.08020)	(0.09940)	(0.31855)	(0.24642)
	[1.27712]	[0.85757]	[0.23580]	[-1.31475]
C	-0.611959	4.377124	0.207017	-3.854971
	(1.72421)	(2.13690)	(6.84850)	(5.29765)
	[-0.35492]	[2.04835]	[0.03023]	[-0.72768]
可决系数 R^2	0.991007	0.998250	0.985916	0.998069
调整后的可决系数 R^2	0.983014	0.996694	0.973396	0.996352
残差平方和	0.011668	0.017922	0.184082	0.110150
S.E. 方程	0.036006	0.044624	0.143016	0.110630
F 统计量	123.9787	641.6425	78.75145	581.3954
对数似然值	40.53051	36.66796	15.70383	20.32564
AIC 检验	-3.503390	-3.074218	-0.744870	-1.258404
SC 检验	-3.058205	-2.629032	-0.299684	-0.813218
因变量均值	1.121827	6.628406	3.439277	9.237132
因变量标准差	0.276271	0.776104	0.876827	1.831672
行列式协方差（调整后的）	2.87E-10			
行列式协方差	1.79E-11			
对数似然值	120.5423			
AIC 准则	-9.393590			
施瓦茨信息量（SC）	-7.612846			

附表7　　　　　1990—2012年社会稳定各指标原始值

年份	调解民间纠纷数（万件）	劳动争议案件受理数（件）	公安机关每万人口受理案件数（起/万人）	公安机关立案刑事案件数（起）	交通事故发生数（起）	火灾发生数（起）
1990	740.92	9619	17.8	2216997	250244	57302
1991	712.55	7633	21.4	2365709	264596	45041
1992	617.32	8150	25.9	1582659	250244	39391
1993	622.29	12368	29.1	1616879	240623	38094
1994	612.37	19098	28.4	1660734	253537	39357
1995	602.84	33030	28.0	1621003	271843	37136
1996	580.22	48121	28.4	1600716	287685	36856
1997	554.31	71524	26.8	1613629	304217	140280
1998	526.72	93649	26.8	1986068	346129	141305
1999	518.86	120191	27.6	2249319	412860	179955
2000	503.1	135206	36.2	3637307	616971	189185
2001	486.1	154621	46.2	4457579	754919	216784
2002	314.1	184116	51.7	4337036	773137	258315
2003	449.21	226391	47.6	4393893	667507	253932
2004	441.42	260471	52.7	4718122	517889	252704
2005	448.7	313773	58.5	4648401	450254	235941
2006	462.8	317162	56.3	4744136	379000	222702
2007	480	350182	67.4	4807517	327209	163521
2008	498.1	693465	71.2321	4884960	265204	136835
2009	579.7	684379	88.2	5579915	238351	129381
2010	841.8	600865	94.8	5969892	219521	132497
2011	893.5	589244	97.1	6004951	219521	132497
2012	926.6	641202	102.3	6551440	204196	152157

附表8　　2010—2012年各地区社会稳定各指标原始值（1）

地区	2010年			2011年			2012年		
	火灾发生数（起）	交通事故发生数（起）	城镇登记失业率（%）	火灾发生数（起）	交通事故发生数（起）	城镇登记失业率（%）	火灾发生数（起）	交通事故发生数（起）	城镇登记失业率（%）
北京	5468	4279	1.4	4044	3934	1.4	3409	3196	1.3
天津	1148	3165	3.6	842	2600	3.6	2123	3101	3.6
河北	4757	5959	3.9	4557	5197	3.8	5012	5285	3.7
山西	4439	6962	3.6	4679	6239	3.5	3897	5587	3.3
内蒙古	8789	4780	3.9	10365	4591	3.8	7545	3957	3.7
辽宁	5566	6781	3.6	4088	6446	3.7	8265	5984	3.6
吉林	7862	4438	3.8	7587	3639	3.7	5652	2820	3.7
黑龙江	2944	3466	4.3	2359	3435	4.1	5794	3285	4.2
上海	5702	2176	4.4	5813	2085	3.5	4469	2256	3.1
江苏	5296	13793	3.2	4715	13436	3.2	7739	13517	3.1
浙江	3834	21698	3.2	3565	20178	3.1	3500	19270	3
安徽	5173	7901	3.7	5870	14005	3.7	5653	18076	3.7
福建	4016	12714	3.8	4116	11517	3.7	5698	9942	3.6
江西	4715	4126	3.3	4647	3354	3	3790	3103	3
山东	7226	14560	3.4	3818	13375	3.4	11918	13275	3.3
河南	3534	7890	3.4	3437	6877	3.4	5110	6732	3.1
湖北	9383	6543	4.2	8292	6490	4.1	4962	6009	3.8
湖南	2915	8413	4.2	3781	8118	4.2	10399	8748	4.2
广东	6158	30370	2.5	8159	26586	2.5	8154	25720	2.5
广西	1287	4351	3.7	1889	4290	3.5	1386	3984	3.4
海南	1052	1488	3	710	1737	1.7	688	1752	2
重庆	5040	5908	3.9	3777	5729	3.5	3758	5791	3.3
四川	6204	13072	4.1	5591	11860	4.2	6899	10024	4
贵州	1661	1764	3.6	1170	1566	3.6	959	1360	3.3
云南	2069	4739	4.2	1350	5022	4.1	1251	3941	4
西藏	219	781	4	248	943	3.2	192	725	2.6
陕西	4620	6004	3.9	5006	6362	3.6	7857	5996	3.2

续表

地区	2010年 火灾发生数（起）	2010年 交通事故发生数（起）	2010年 城镇登记失业率（%）	2011年 火灾发生数（起）	2011年 交通事故发生数（起）	2011年 城镇登记失业率（%）	2012年 火灾发生数（起）	2012年 交通事故发生数（起）	2012年 城镇登记失业率（%）
甘肃	1141	3090	3.2	909	3027	3.1	4434	2954	2.7
青海	1623	1206	3.8	1685	1163	3.8	1054	1096	3.4
宁夏	3447	1806	4.4	3255	1829	4.2	3304	1767	4.2
新疆	5209	5298	3.2	5093	5182	3.2	7286	4943	3.4

附表9　2010—2012年各地区社会稳定各指标原始值（2）

地区	2010年 粗离婚率（‰）	2010年 行政应诉案件数（起）	2010年 行政复议案件数（起）	2011年 粗离婚率（‰）	2011年 行政应诉案件数（起）	2011年 行政复议案件数（起）	2012年 粗离婚率（‰）	2012年 行政应诉案件数（起）	2012年 行政复议案件数（起）
北京	2.37	1988	2680	3.45	2802	3433	2.35	3587	1166
天津	2.37	1933	771	3.24	1527	1002	2.57	2351	1499
河北	1.39	3585	1659	2.14	3366	2821	2.35	3028	3761
山西	1.23	1153	1156	1.37	979	1550	1.46	885	2070
内蒙古	2.31	597	802	2.72	787	1156	2.83	954	1786
辽宁	2.94	5600	2050	3.27	6695	3226	3.22	5951	3894
吉林	3.43	1383	965	3.72	2085	1269	4.03	2633	2771
黑龙江	3.6	3016	733	3.89	3185	985	4.09	3017	1740
上海	2.08	3512	1078	3.39	3052	1102	2.22	3271	1532
江苏	2.04	4922	5932	2.23	4572	5197	2.29	5345	5631
浙江	2.09	4136	2202	2.43	3813	2939	2.24	4173	3156
安徽	1.82	3447	2560	1.75	4981	2990	2.23	4998	1946
福建	1.66	2125	1841	1.89	5150	2350	2	4889	2135
江西	1.46	3866	528	1.49	3978	498	1.68	3968	1734
山东	1.76	13749	9376	1.9	9602	8803	2.03	10521	12561
河南	1.42	6573	4298	1.28	8619	6813	1.7	8687	14902
湖北	2.03	2612	1471	2.03	3220	1776	2.35	2849	1367
湖南	2.13	2522	9093	2.09	2432	6452	2.34	2749	4899
广东	1.23	8846	5920	1.66	10838	4999	1.47	13935	4826

续表

地区	2010年			2011年			2012年		
	粗离婚率（‰）	行政应诉案件数（起）	行政复议案件数（起）	粗离婚率（‰）	行政应诉案件数（起）	行政复议案件数（起）	粗离婚率（‰）	行政应诉案件数（起）	行政复议案件数（起）
广西	1.54	2602	1226	1.45	2500	1671	1.83	2389	1794
海南	1.04	623	1010	1.22	609	1010	1.36	627	1010
重庆	3.93	3461	3797	3.74	3190	3905	4.27	2494	3769
四川	2.72	2776	1201	2.57	6059	2195	3.11	6190	3186
贵州	1.82	1612	877	1.72	2321	2145	2.33	2309	1939
云南	1.5	1036	526	1.64	1231	651	1.76	1026	1439
西藏	0.67	67	35	0.68	55	8	0.43	37	21
陕西	1.72	1104	609	1.76	1132	646	1.89	1116	1524
甘肃	1.09	586	1062	1.13	594	974	1.28	574	1118
青海	1.43	200	212	1.7	248	184	1.86	238	95
宁夏	1.91	296	292	2.08	568	227	2.32	267	250
新疆	4.51	935	1196	4.81	870	568	4.62	899	315

附表10　　2010年社会保障分项数据以及人口数

地区	基本养老保险基金支出（亿元）	失业保险基金支出（亿元）	基本医疗保险基金支出（亿元）	工伤保险基金支出（亿元）	生育保险基金支出（亿元）	财政支出中社会保障支出（万元）	社会保障支出总额（亿元）	人口数（万人）	人均社会保障支出（亿元）
全国	10554.92	423.2571	3538.102	192.4028	109.8618	9130.6	19685.52	134091	1468.07
北京	482.3994	25.09113	290.3548	10.7195	7.7322	275.9	758.2994	1962	3864.93
天津	271.8393	13.5252	103.4823	4.6743	4.5653	137.74	409.5793	1299.3	3152.31
河北	451.7613	23.50621	117.3545	13.2802	2.5254	358.78	810.5413	7240.51	1119.45
山西	269.3748	6.653838	69.641	7.9888	1.2037	274.46	543.8348	3593	1513.6
内蒙古	212.6359	4.656562	64.211	2.8918	1.5081	292.44	505.0759	2481.71	2035.19
辽宁	755.8038	16.30639	181.734	10.4425	5.6733	579.84	1335.644	4383	3047.33
吉林	252.7808	5.84687	52.7477	3.8983	1.1091	253.36	506.1408	2749.41	1840.91
黑龙江	500.1127	16.37392	103.7273	9.1603	1.9388	306.06	806.1727	3834	2102.69
上海	847.4721	60.71378	300.1817	5.1878	13.3058	362.56	1210.032	2347.46	5154.64
江苏	753.2934	37.3791	287.6788	13.8886	12.2916	364.48	1117.773	7898.8	1415.12
浙江	429.0709	23.38804	242.7341	14.0778	9.7901	206.39	635.4609	5463	1163.21

续表

地区	基本养老保险基金支出(亿元)	失业保险基金支出(亿元)	基本医疗保险基金支出(亿元)	工伤保险基金支出(亿元)	生育保险基金支出(亿元)	财政支出中社会保障支出(万元)	社会保障支出总额(亿元)	人口数(万人)	人均社会保障支出(亿元)
安徽	269.1885	9.571528	82.283	3.6319	2.3371	334.15	603.3385	5968	1010.96
福建	187.7012	5.583264	91.1443	2.8527	2.9477	148.24	335.9412	3720	903.07
江西	192.9716	4.712952	49.5781	2.4062	0.386	233.02	425.9916	4488.437	949.09
山东	748.2311	31.26378	222.2245	15.0668	9.1046	416.77	1165.001	9637	1208.88
河南	420.2986	14.8153	107.958	5.7511	2.3768	461.22	881.5186	9405.5	937.24
湖北	419.8002	8.403248	104.4358	2.7515	1.9538	368.42	788.2202	5757.5	1369.03
湖南	355.0725	7.534181	105.7942	8.3971	2.6478	396.4	751.4725	6595.6	1139.35
广东	627.7366	30.95528	310.8469	19.7508	12.1503	469.58	1097.317	10504.85	1044.58
广西	193.4526	6.309325	56.6196	1.6077	1.6179	217.07	410.5226	4645	883.79
海南	74.0749	1.75183	20.6049	0.4974	0.3244	73.8	147.8749	877.34	1685.49
重庆	273.5982	4.929994	61.2357	6.2185	1.5882	236.9806	510.5788	2919	1749.16
四川	608.7352	17.04558	165.0043	8.4646	3.9087	513.65	1122.385	8050	1394.27
贵州	107.4395	5.288953	37.9764	4.964	0.5024	140.76	248.1995	3479	713.42
云南	144.2224	6.500433	85.8942	4.3842	1.6918	304.69	448.9124	4630.8	969.41
西藏	7.6054	0.77757	6.3853	0.0635	0.1655	31.91	39.5154	303.3	1302.85
陕西	265.0309	11.8297	63.6084	2.6348	0.9343	315.61	580.6409	3742.6	1551.44
甘肃	127.2231	7.460001	37.8709	1.6792	0.4705	215.0927	342.3158	2564.19	1334.99
青海	43.3648	0.983385	18.3428	0.8926	0.062	189.5035	232.8683	568.17	4098.57
宁夏	48.8056	1.070581	15.5225	0.8278	0.2865	35.0312	83.8368	639.45	1311.08
新疆	211.7533	13.02919	80.9248	3.3446	2.7621	166.4	378.1533	2208.71	1712.1

附表11　　2011年社会保障分项数据以及人口数

地区	基本养老保险基金支出(亿元)	失业保险基金支出(亿元)	基本医疗保险基金支出(亿元)	工伤保险基金支出(亿元)	生育保险基金支出(亿元)	财政支出中社会保障支出(万元)	社会保障支出总额(亿元)	常住人口(万人)	人均社会保障支出(亿元)
全国	12764.9	432.8	4431.4	286.4	139.2	10606.92	28661.62	134735	2127.259
北京	560.8	27.7	381.9	14.2	9.8	354.88	1349.28	2019	6682.912
天津	315.1	14.6	123.4	6.6	4.6	168.34	632.64	1355	4668.93

续表

地区	基本养老保险基金支出（亿元）	失业保险基金支出（亿元）	基本医疗保险基金支出（亿元）	工伤保险基金支出（亿元）	生育保险基金支出（亿元）	财政支出中社会保障支出（万元）	社会保障支出总额（亿元）	常住人口（万人）	人均社会保障支出（亿元）
河北	561.7	16.8	143.3	19.2	3.4	426.23	1170.63	7241	1616.669
山西	329.3	5.2	89	11.4	1.7	321.6	758.2	3593.3	2110.038
内蒙古	269.6	5.8	85.5	4.4	2.1	363.97	731.37	2482	2946.696
辽宁	883.1	19.3	227.9	15	7	657.36	1809.66	4383	4128.816
吉林	308.1	6.1	68.1	4.6	1.4	298.99	687.29	2749.41	2499.773
黑龙江	603.9	5.7	129.7	12.7	2.4	392.05	1146.45	3834	2990.219
上海	993.5	61.8	335.6	8.1	17	417.5	1833.5	2347.5	7810.437
江苏	898.8	70	367.5	24	15.8	481.65	1857.75	7899	2351.88
浙江	543.2	33.1	271.7	22.5	12.1	291.82	1174.42	5463	2149.771
安徽	320	6.5	105.9	5.9	3.1	392.98	834.38	5968	1398.09
福建	229.9	6.3	107.8	4.4	3.7	184.92	537.02	3720	1443.602
江西	233.4	4.5	60.6	5.9	0.5	272.75	577.65	4488.437	1286.974
山东	886.9	25.9	279.3	20.1	11.7	501.54	1725.44	9637.3	1790.377
河南	506.3	13.5	132.3	8.2	3.3	547.96	1211.56	9388	1290.541
湖北	523.4	5.8	136.4	4.3	2.5	449.29	1121.69	5758	1948.055
湖南	416.6	7.3	127.6	12.9	3.4	484.44	1052.24	6596	1595.27
广东	764.5	32.6	429.8	26.6	15.6	548.65	1817.75	10505	1730.366
广西	243.6	5.9	76.6	2.6	2.1	250.64	581.44	4645	1251.755
海南	95.2	1.6	26.8	0.8	0.7	94.04	219.14	877.4	2497.607
重庆	336.1	3.2	80.6	9.5	2.2	338.76	770.36	2919	2639.123
四川	753.9	17.2	219.6	12.3	4.3	645.79	1653.09	8050	2053.528
贵州	127.6	3.4	48.7	6.4	0.6	194.78	381.48	3469	1099.683
云南	170.8	2.6	96.6	6.8	1.9	386.5	665.3	4631	1436.623
西藏	10.6	0.6	7.7	0.2	0.2	57.68	76.98	303.3	2538.081
陕西	328.3	5.2	78.4	4.1	1.5	365.43	782.93	3743	2091.718
甘肃	154	3.3	50.7	4.3	0.7	279.22	492.22	2564.1	1919.585
青海	53.6	0.4	24.1	1.5	0.1	163.57	243.57	568.17	4281.641
宁夏	67.9	1	19	1.3	0.7	71.95	161.85	639.45	2531.081
新疆	272.8	19.8	99.2	5.8	3.2	201.64	602.44	2209	2727.207

附表12　　　　　2012年社会保障分项数据以及人口数

地区	基本养老保险基金支出(亿元)	失业保险基金支出(亿元)	医疗保险基金支出(亿元)	工伤保险基金支出(亿元)	生育保险基金支出(亿元)	财政支出中社会保障支出(万元)	社会保障支出总额(亿元)	常住人口(万人)	人均社会保障支出(亿元)
全国	15561.8	450.6	5543.6	406.3	219.3	11999.85	34181.45	135404	2524.405
北京	640.2	28.9	509.2	17.2	20.9	424.31	1640.71	2069.3	7928.817
天津	365	12.8	137.9	7.4	5.6	201.17	729.87	1413.15	5164.844
河北	723.5	15.7	174.4	23.5	5.6	470.21	1412.91	7288	1938.68
山西	391.6	5	111.9	17.6	2.4	354.61	883.11	3611	2445.611
内蒙古	343.6	4.5	106.2	5.8	3.5	435.47	899.07	2490	3610.723
辽宁	1052.6	17	272.1	22.3	11.2	727.71	2102.91	4389	4791.319
吉林	377.6	5.7	84.2	6.9	2.1	304	780.5	2750.4	2837.769
黑龙江	717.2	7.4	160.5	16.6	3.5	458.2	1363.4	3834	3556.077
上海	1127.7	69.5	367.8	20.9	28.9	443.01	2057.81	2380.43	8644.699
江苏	1142.1	57.4	465	38.7	22.2	557.77	2283.17	7920	2882.79
浙江	783.5	36.9	364.8	30.3	17.5	345.44	1578.44	5477	2881.943
安徽	406.7	14.3	130.7	10.9	4.7	459.19	1026.49	5988	1714.245
福建	273.3	7.9	126.3	7	5.8	205.28	625.58	3748	1669.104
江西	297	3.5	79.6	8.3	0.7	323.06	712.16	4504	1581.172
山东	1059	35.3	332	28	17.3	596.48	2068.08	9685	2135.343
河南	612	14.8	164.1	11.9	4.5	631.61	1438.91	9406	1529.779
湖北	647.8	8.4	174	6.9	4	501.13	1342.23	5779	2322.599
湖南	502.8	8.6	157.8	17	4.2	525.71	1216.11	6639	1831.767
广东	900.9	20.7	532.4	32.1	21.1	611.04	2118.24	10594	1999.471
广西	297.1	6.4	93	3.3	2.8	282.33	684.93	4682	1462.9
海南	114.4	2.5	33.6	1	1.1	106.15	258.75	887	2917.136
重庆	412.7	3.5	158.2	15	3.6	403.05	996.05	2945	3382.173
四川	927.7	24.9	276.8	18	8.8	680.21	1936.41	8076.2	2397.675
贵州	153.1	6.5	65.4	8	1	235.4	469.4	3484.07	1347.275
云南	211.3	3.5	116.7	9.2	4.6	439.06	784.36	4659	1683.537
西藏	12	0.3	8.9	0.4	0.3	65.54	87.44	308	2838.961
陕西	401.1	4.9	93.5	5.8	1.9	421.16	928.36	3753.09	2473.588
甘肃	193.2	3	65.3	4	1.2	294.64	561.34	2578	2177.424
青海	65	1.4	29.1	1.7	0.3	179.51	277.01	573.17	4832.947
宁夏	86.2	1.5	31.5	1.9	1.1	89.6	211.8	647.19	3272.609
新疆	320.5	17.8	120.5	8.4	7	227.79	701.99	2233	3143.708

附表 13 2010 年城乡居民收入及转移性支付

地区	可支配收入（亿元）	转移性收入（亿元）	城镇社会保障占比	纯收入（亿元）	转移性收入（亿元）	农村社会保障占比	城乡人均收入比（%）	城乡人均收入社会保障比（%）
全国	19109.44	5091.9	0.27	5919.01	452.92	0.08	3.23	3.38
北京	29072.93	8434.77	0.29	13262.29	1876.38	0.14	2.19	2.07
天津	24292.6	8896.61	0.37	10074.86	549.29	0.05	2.41	7.4
河北	16263.43	5400.43	0.33	5957.98	392.31	0.07	2.73	4.71
山西	15647.66	4864.81	0.31	4736.25	385.01	0.08	3.3	3.88
内蒙古	17698.15	3953.19	0.22	5529.59	658.61	0.12	3.2	1.83
辽宁	17712.58	6254.48	0.35	6907.93	537.67	0.08	2.56	4.38
吉林	15411.47	4645.45	0.3	6237.44	701.93	0.11	2.47	2.73
黑龙江	13856.51	4639.19	0.33	6210.72	683.39	0.11	2.23	3
上海	31838.08	8158.2	0.26	13977.96	2812.24	0.2	2.28	1.3
江苏	22944.26	7308.57	0.32	9118.24	607.89	0.07	2.52	4.57
浙江	27359.02	6710.19	0.25	11302.55	647.57	0.06	2.42	4.17
安徽	15788.17	4584.91	0.29	5285.17	312.86	0.06	2.99	4.83
福建	21781.31	4910.35	0.23	7426.86	528.71	0.07	2.93	3.29
江西	15481.12	4333.2	0.28	5788.56	374.31	0.06	2.67	4.67
山东	19945.83	3811.78	0.19	6990.28	337.04	0.05	2.85	3.8
河南	15930.26	4636.8	0.29	5523.73	280.14	0.05	2.88	5.8
湖北	16058.37	4342.17	0.27	5832.27	304.3	0.05	2.75	5.4
湖南	16565.7	4453.02	0.27	5621.96	400.89	0.07	2.95	3.86
广东	23897.8	4371.3	0.18	7890.25	485.85	0.06	3.03	3
广西	17063.89	4628.62	0.27	4543.41	292.3	0.06	3.76	4.5
海南	15581.05	3695.21	0.24	5275.37	342.43	0.06	2.95	4
重庆	17532.43	4676.51	0.27	5276.66	527.41	0.1	3.32	2.7
四川	15461.16	4241.43	0.27	5086.89	431.36	0.08	3.04	3.38
贵州	14142.74	4122.96	0.29	3471.93	344.56	0.1	4.07	2.9
云南	16064.54	4348.7	0.27	3952.03	335.07	0.08	4.06	3.38
西藏	14980.47	1203.14	0.08	4138.71	551.97	0.13	3.62	0.62
陕西	15695.21	4225.78	0.27	4104.98	391.27	0.1	3.82	2.7
甘肃	13188.55	3664.59	0.28	3424.65	329.34	0.1	3.85	2.8
青海	13854.99	4401.37	0.32	3862.68	499.07	0.13	3.59	2.46
宁夏	15344.49	4287.91	0.28	4674.89	366.45	0.08	3.28	3.5
新疆	13643.77	2809.96	0.21	4642.67	309.91	0.07	2.94	3

附表14　　2011年城乡居民收入及转移性支付

地区	可支配收入（亿元）	转移性收入（亿元）	城镇社会保障占比	纯收入（亿元）	转移性收入（亿元）	农村社会保障占比	城乡人均收入比（%）	城乡人均收入社会保障比（%）
全国	21809.78	5708.58	0.26	6977.29	563.32	0.08	3.13	3.25
北京	32903.03	10075.23	0.31	14735.68	2256.55	0.15	2.23	2.07
天津	26920.86	9600.4	0.36	12321.22	841.48	0.07	2.18	5.14
河北	18292.23	5750.43	0.31	7119.69	483.18	0.07	2.57	4.43
山西	18123.87	5370.29	0.3	5601.4	605.3	0.11	3.24	2.73
内蒙古	20407.57	4277.38	0.21	6641.56	775.62	0.12	3.07	1.75
辽宁	20466.84	7166.95	0.35	8296.54	601.19	0.07	2.47	5
吉林	17796.57	4898.99	0.28	7509.95	694.63	0.09	2.37	3.11
黑龙江	15696.18	5213.05	0.33	7590.68	764.85	0.1	2.07	3.3
上海	36230.48	9354.29	0.26	16053.79	3439.94	0.21	2.26	1.24
江苏	26340.73	7516.76	0.29	10804.95	931.37	0.09	2.44	3.22
浙江	30970.68	7973.91	0.26	13070.69	811.91	0.06	2.37	4.33
安徽	18606.13	5390.73	0.29	6232.21	417	0.07	2.99	4.14
福建	24907.4	5194.82	0.21	8778.55	502.75	0.06	2.84	3.5
江西	17494.87	4808.59	0.27	6891.63	364.19	0.05	2.54	5.4
山东	22791.84	4349.86	0.19	8342.13	445.19	0.05	2.73	3.8
河南	18194.8	4937.3	0.27	6604.03	370.99	0.06	2.76	4.5
湖北	18373.87	5306.95	0.29	6897.92	379.08	0.05	2.66	5.8
湖南	18844.05	5088.95	0.27	6567.06	488.86	0.07	2.87	3.86
广东	26897.48	4848.42	0.18	9371.73	528.51	0.06	2.87	3
广西	18854.06	4751.2	0.25	5231.33	361.8	0.07	3.6	3.57
海南	18368.95	4343.24	0.24	6446.01	528.62	0.08	2.85	3
重庆	20249.7	5753.42	0.28	6480.41	697.96	0.11	3.12	2.55
四川	17899.12	4807.05	0.27	6128.55	574.02	0.09	2.92	3
贵州	16495.01	4873.34	0.3	4145.35	392.13	0.09	3.98	3.33
云南	18575.62	4779.36	0.26	4721.99	398.27	0.08	3.93	3.25
西藏	16195.56	1415.8	0.09	4904.28	640.03	0.13	3.3	0.69
陕西	18245.23	5032.65	0.28	5027.87	449.95	0.09	3.63	3.11
甘肃	14988.68	3996.15	0.27	3909.37	398.18	0.1	3.83	2.7
青海	15603.31	5257.77	0.34	4608.46	650.59	0.14	3.39	2.43
宁夏	17578.92	4691.94	0.27	5409.95	398.85	0.07	3.25	3.86
新疆	15513.62	3416.35	0.22	5442.15	603.13	0.11	2.85	2

附表15　　2012年城乡居民收入及转移性支付

地区	可支配收入（亿元）	转移性收入（亿元）	城镇社会保障占比	纯收入（亿元）	转移性收入（亿元）	农村社会保障占比	城乡人均收入比（%）	城乡人均收入社会保障比（%）
全国	24564.72	6368.12	0.26	7916.58	686.7	0.09	3.1	2.89
北京	36468.75	10993.54	0.3	16475.74	2597.79	0.16	2.21	1.88
天津	29626.41	9704.61	0.33	14025.54	1055.99	0.08	2.11	4.13
河北	20543.44	6148.95	0.3	8081.39	603.23	0.07	2.54	4.29
山西	20411.71	5783.41	0.28	6356.63	705.91	0.11	3.21	2.55
内蒙古	23150.26	4655.51	0.2	7611.31	1140.17	0.15	3.04	1.33
辽宁	23222.67	7866.35	0.34	9383.72	723.96	0.08	2.47	4.25
吉林	20208.04	5631.45	0.28	8598.17	795.56	0.09	2.35	3.11
黑龙江	17759.75	5751.95	0.32	8603.85	772.98	0.09	2.06	3.56
上海	40188.34	10802.23	0.27	17803.68	4041.53	0.23	2.26	1.17
江苏	29676.97	8305.2	0.28	12201.95	1093.71	0.09	2.43	3.11
浙江	34550.3	9450.02	0.27	14551.92	993.81	0.07	2.37	3.86
安徽	21024.21	6007.07	0.29	7160.46	539.54	0.09	2.94	3.63
福建	28055.24	5769.73	0.21	9967.17	602.44	0.06	2.81	3.5
江西	19860.36	5327.72	0.27	7829.43	433.36	0.06	2.54	4.5
山东	25755.19	4823.24	0.19	9446.54	571.57	0.06	2.73	3.17
河南	20442.62	5351.78	0.26	7524.94	426.66	0.06	2.72	4.33
湖北	20839.59	6078.25	0.29	7851.71	472.51	0.06	2.65	4.83
湖南	21318.76	5691.4	0.27	7440.17	576.59	0.08	2.87	3.38
广东	30226.71	5339.56	0.18	10542.84	615.84	0.06	2.87	3
广西	21242.8	5500.43	0.26	6007.55	473.17	0.08	3.54	3.25
海南	20917.71	5022.54	0.24	7408	576.4	0.08	2.82	3
重庆	22968.14	6673.59	0.29	7383.27	831.63	0.11	3.11	2.64
四川	20306.99	5427.34	0.27	7001.43	741.09	0.11	2.9	2.45
贵州	18700.51	5395.56	0.29	4753	454.53	0.1	3.93	2.9
云南	21074.5	5167.14	0.25	5416.54	418.38	0.08	3.89	3.13
西藏	18028.32	1563.31	0.09	5719.38	711.08	0.12	3.15	0.75
陕西	20733.88	5907.12	0.28	5762.52	540.18	0.09	3.6	3.11
甘肃	17156.89	4598.23	0.27	4506.66	492.12	0.11	3.81	2.45
青海	17566.28	5847.84	0.33	5364.38	1057.51	0.2	3.27	1.65
宁夏	19831.41	5252.9	0.26	6180.32	496.73	0.08	3.21	3.25
新疆	17920.68	3983.71	0.22	6393.68	975.95	0.15	2.8	1.47

参考文献

[1] 白雪梅、王少瑾：《对我国收入不平等与社会安定关系的审视》，《财经问题研究》2007年第7期。

[2] 蔡昉：《中国劳动与社会保障体制改革30年研究》，经济管理出版社2008年版。

[3] 曹永森：《国家、市场与社会作用之比较研究——以英国社会保障制度为例》，《南京航空航天大学学报》（社会科学版）2004年第2期。

[4] 陈春良、易君健：《收入差距与刑事犯罪：基于中国省级面板数据的经验研究》，《世界经济》2009年第7期。

[5] 陈佳贵、王延中：《中国社会保障发展报告》，社会科学文献出版社2010年版。

[6] 碉端明、蔡敏：《中国城乡收入差距研究述评》，《中国农村观察》2008年第3期。

[7] 都春雯：《对社会保障经济增长效率和社会分配效率的思考》，《人口与经济》2004年第6期。

[8] 高源、喻晓玲：《新疆生产建设兵团经济发展与刑事犯罪关系研究》，《经济论坛》2013年第9期。

[9] 郭金丰：《统筹城乡发展视野中的社会保障问题》，《求实》2004年第10期。

[10] 郭影帆、高平、郭熙：《统筹城乡背景下社会保障问题研究》，《江西社会科学》2009年第8期。

[11] 韩忠谈：《法学绪论》，中国政法大学出版社2002年版。

[12] 何虹：《我国农民社会保障权法律缺失问题探讨》，《农村经济》2010年第2期。

[13] 和春雷：《当代德国社会保障制度》，法律出版社2000年版。

[14] 胡联合、胡鞍钢、王磊：《影响社会稳定的社会矛盾变化态势的实证分析》，《社会学研究》2006年第4期。

[15] 胡联合、胡鞍钢、徐绍刚：《贫富差距对违法犯罪活动影响的实证分析》，《管理世界》2005年第6期。

[16] 胡荣：《中国社会保险制度改革的模式选择》，《社会学研究》1995年第4期。

[17] 黄建伟：《失地农民的概念问题研究》，《调研世界》2009年第3期。

[18] 黄英君、郑军：《中国二元化城乡社会保障体系反思与重构：基于城乡统筹的视角分析》，《保险研究》2010年第4期。

[19] 黄应绘、田双全：《中国城乡收入差距对社会稳定的效应分析》，《统计与决策》2011年第11期。

[20] 井文豪：《发挥中央政府主导作用推进统筹城乡社会保障发展》，《农业经济》2010年第12期。

[21] 景天魁：《大力推进与国情相适应的社会保障制度建设》，《理论前沿》2007年第18期。

[22] 景天魁：《底线公平与社会保障的柔性调节》，《社会学研究》2004年第6期。

[23] 李春根、赖志杰：《论统筹城乡就业的社会保障政策》，《广西社会科学》2008年第10期。

[24] 李冬妮、张辑、赖志凌：《机会公平与社会稳定》，《江西社会科学》2000年第8期。

[25] 李平：《中国转型时期城市农民工社会保障制度研究》，中国地质大学出版社2008年版。

[26] 李韶杰、刘桂华、郭向荣：《关于失地农民弱势地位的法学分析》，《农业考古》2010年第6期。

[27] 李长安、赖德胜：《城乡差距对经济社会稳定影响的实证分析》，《经济经纬》2013年第4期。

[28] 林毓铭：《城乡社会保障一体化：将进城农民纳入城镇养老保险体系》，《调研世界》2003年第10期。

[29] 刘荃玲：《中国社会保障制度城乡衔接理论与政策研究》，经济科学出版社2008年版。

[30] 米红：《保险发达国家对中国构建农村养老保险的启示》，《中国保险报》2008年8月14日第14版。

[31] 缪艳娟：《中国三支柱养老保险体系的重构》，《扬州大学学报》（人文社会科学版）2012年第1期。

[32] 穆怀中：《发展中国家社会保障制度的建立和完善》，人民出版社2008年版。

[33] 庞凤喜：《论公民社会保障权的实施成本及其控制》，《中南财经政法大学学报》2011年第1期。

[34] 钱美霞：《人口老龄化带来老年护理保障问题》，《浙江经济》2005年第9期。

[35] 钱宁：《现代社会福利思想》，高等教育出版社2006年版。

[36] 钱振伟：《覆盖城乡居民社会保障管理体制研究——基于对部分市（州）县实践的调查》，经济科学出版社2011年版。

[37] 荣燕：《社会保障对社会稳定的效应分析》，《价格月刊》2008年第8期。

[38] 上海社会稳定指标体系课题组：《上海社会稳定指标体系纲要》，《社会》2002年第2期。

[39] 田鹤城、万广华、霍学：《中国经济与犯罪关系实证研究》，《中国农业大学学报》2009年第2期。

[40] 汪泽英、何平：《建立覆盖城乡居民社会保障体系》，中国劳动社会保障出版社2010年版。

[41] 王道元：《收入差距、社会稳定与经济增长的面板协整研究》，《山西财经大学学报》2010年第11期。

［42］王国军:《现行农村社会养老保险制度的缺陷与改革思路》,《上海社会科学院学术》(季刊)2000年第1期。

［43］王国军:《中国社会保障制度一体化研究》,科学出版社2011年版。

［44］王磊:《城乡居民最低生活保障制度统筹的障碍与对策》,《社会科学辑刊》2010年第6期。

［45］王莉丽:《论社会保障的稳定效用》,《社会主义研究》2002年第5期。

［46］王荣科:《社会保障制度设计与公平效率原则》,《合肥联合大学学报》2002年第12期。

［47］王绍光、胡鞍钢:《中国:不平衡发展的政治经济学》,中国计划出版社1999年版。

［48］王素芬:《理想与现实的调和:对我国〈社会保险法〉的反思与重塑》,《河北法学》2011年第10期。

［49］王啸风:《中国社会保障基金运行存在的问题及对策》,《长春工程学院学报》(社会科学版)2012年第1期。

［50］吴一平、芮萌:《收入分配不平等对刑事犯罪的影响》,《经济学》(季刊)2010年第10期。

［51］夏帆:《浅议社会稳定指标体系的构建》,《湖北经济学院学报》2005年第3期。

［52］香伶:《论社会保障收入再分配的公正性》,《经济学动态》2006年第11期。

［53］向春华:《社会保险法原理》,中国检察出版社2011年版。

［54］谢圣远:《社会保障发展史》,经济管理出版社2007年版。

［55］杨燕绥:《劳动与社会保障立法国际比较研究》,中国劳动社会保障出版社2001年版。

［56］杨宜勇、刘婉:《我国城乡二元社会保障体系面临的主要问题及原因》,《经济纵横》2007年第3期。

［57］易云:《泉州市人口老龄化现状及其发展趋势》,《江苏社会

科学》2007 年第 2 期。

[58] 喻权良、喻文德：《社会保障的公平性分析》，《重庆社会科学》2005 年第 2 期。

[59] 袁文全、邵海：《覆盖城乡居民的社会保障体系建设的路径选择——以重庆市统筹城乡社会保障为视角》，《社会科学家》2010 年第 4 期。

[60] 张文、唐萧萧、徐小琴：《我国社会保障水平的城乡差异分析》，《求实》2013 年第 5 期。

[61] 张文显：《法哲学范畴研究》，中国政法大学出版社 2001 年版。

[62] 张晓、刘蓉：《社会医疗保险概论》，中国劳动社会保障出版社 2004 年版。

[63] 赵永红：《统筹城乡背景下中国社会保障制度公平与效率问题研究》，《安徽农业科学》2011 年第 2 期。

[64] 郑秉文：《社保制度，特别的改革路径》，《中国劳动保障报》2007 年第 11 期。

[65] 郑功成：《社会保障学》，商务印书馆 2000 年版。

[66] 郑美雁、秦启文：《城乡统筹背景下失地农民社会保障的路径分析与选择》，《西南大学学报》2008 年第 4 期。

[67] 钟明钊：《社会保障法律制度研究》，法律出版社 2000 年版。

[68] 周德军、王春林：《发达国家农民工社会保障经验及对中国的启示》，《当代世界》2010 年第 11 期。

[69] 周弘：《世纪末社会保障制度面临的挑战》，《国际经济评论》1999 年第 16 期。

[70] 周永新：《我对社会保障未来发展的一些看法》，《社会保障制度》（人大报刊复印资料）2002 年第 2 期。